高等职业教育铁道机车、车辆专业校企合作系列教材
高等职业教育"十二五"规划教材——轨道交通类

车辆运用维修

刘芳梅　编著

滕振海　主审

西南交通大学出版社
·成　都·

内容简介

本书面向铁路车辆运用维修一线岗位，以"行动导向，教、学、做一体化"的课程理念构建框架和内容，主要讲述车辆运用维修的组织体系、生产流程、检查方法、故障排查和安全事项。全书共分为客车运用维修、货车运用维修和动车组运用检修三大模块，共计 12 个典型的学习性工作任务。本书以客车运用维修为主体模块，介绍客车运用维修体系、铁路交通事故管理、客车单车技术检查、列车制动机试验、运用故障维修和电气装置检修；货车运用维修模块除了介绍货车运用维修体系、货车单车技术检查之外，侧重 5T 系统和 TFDS 典型故障识别；动车组运用检修模块以高、中压用电设备的一级检修为主，介绍受电弓、客室设施一级检修和设备舱的日常维护。

本教材可供高职和中职学校师生及从事车辆日常检修的在职职工学习参考，每个模块单元的"学习任务描述"和"教学实施建议"可帮助师生更有针对性地教与学。

图书在版编目（CIP）数据

车辆运用维修 / 刘芳梅编著. —成都：西南交通大学出版社，2015.1
高等职业教育铁道机车、车辆专业校企合作系列教材
高等职业教育"十二五"规划教材. 轨道交通类
ISBN 978-7-5643-3581-6

Ⅰ. ①车… Ⅱ. ①刘… Ⅲ. ①铁路车辆 - 车辆修理 - 高等职业教育 - 教材　Ⅳ. ①U279

中国版本图书馆 CIP 数据核字（2014）第 278898 号

高等职业教育铁道机车、车辆专业校企合作系列教材
高等职业教育"十二五"规划教材——轨道交通类

车辆运用维修

刘芳梅　编著

责 任 编 辑	孟苏成
助 理 编 辑	赵雄亮
封 面 设 计	何东琳设计工作室
出 版 发 行	西南交通大学出版社 （四川省成都市金牛区交大路 146 号）
发行部电话	028-87600564　028-87600533
邮 政 编 码	610031
网　　　址	http://www.xnjdcbs.com
印　　　刷	成都蓉军广告印务有限责任公司
成 品 尺 寸	185 mm × 260 mm
印　　　张	10.5
字　　　数	248 千字
版　　　次	2015 年 1 月第 1 版
印　　　次	2015 年 1 月第 1 次
书　　　号	ISBN 978-7-5643-3581-6
定　　　价	26.00 元

课件咨询电话：028-87600533
图书如有印装质量问题　本社负责退换
版权所有　盗版必究　举报电话：028-87600562

前　言

　　车辆运用维修是铁路车辆检修领域比较繁忙和复杂的一类工作，其复杂性体现为作业的对象是整列车，并且要在有限的时间内预先发现故障，并及时排除，使车辆处于良好的技术状态，保障列车安全、正点运行。普通旅客列车和动车组入库进行检查、维修时，要遵守调度时刻表，到了规定的时间点，车必须出库、进站发车；货物列车经过列检作业场时，更有严格的作业时间。因此，从事运用维修工作，需要懂得全面的专业知识，这不仅包括车辆的机械构造、制动原理，还包括电气组成与电路原理、列车运行的动力学特性等。随着车型增多、车速提高以及检查检测手段的不断更新，铁路车辆运用级别的检修作业方式、作业组织和作业内容也在不断变化中。

　　故障往往不可预知，而整列车的检查和维护都是通过团队分工协作完成的。列车的日常维护以外观检查为主，除了仪器设备可检测的范围之外，外观检查大部分是通过人工完成的，特别是普通旅客列车和动车组，入库作业更多的是人工检查。由此可见，从事车辆运用维修工作，除了综合掌握专业知识和技能外，还需要高度的职业责任感和合格的团队协作能力。

　　本书编者及教学组经过两年时间，多次深入车辆运用维修一线岗位进行调研，与企业专家探讨运用维修岗位对于高职人才的知识与技能要求，反复提炼岗位典型工作任务，结合高职教育的人才培养规格，形成相应的学习性工作任务，进而对课程内容进行了有效的整合与优化。

　　本书按照铁路车辆运用部门的现有组织和车种分类，将内容自然地划分为客车运用维修、货车运用维修、动车组运用检修三大模块。其中以客车运用维修为主体模块，货车运用维修模块侧重动态检车，动车组运用检修模块侧重主要用电设备的一级检修。依据职业教育行动导向、教学做一体的课程设计理念，每个模块的内容均以相应的典型工作任务形式展开。

操作技能培养是高职教育的核心任务，而过硬的操作技能建立在扎实的专业基础知识之上。同时，要胜任运用维修工作，还需要了解生产组织的整体流程，需要建立和培养安全第一的职业素质。因此，本书在讲述车辆检查、维修操作的同时，用较大篇幅讲述相关的结构、原理、生产组织、安全事项等认知性知识。

书中每一模块设置有"学习任务描述"和"教学实施建议"，供使用本书的广大师生在授课与学习时参考。

本书由山东职业学院刘芳梅编著，由济南车辆段滕振海担任主审。在本书学习任务的设计上，编者与济南铁路局济南车辆段、济南西车辆段、青岛动车段进行了共同探讨与深入合作。同时，本书的编写得到了北京铁路局北京动车段的友情支持。对于上述单位的合作与支持，编者在此深表谢意。

由于车辆运用工作的规章性和变化性较强，加上编者的水平有限，书中难免存在不妥之处，敬请读者批评指正！

编 者

2014 年 7 月

教学单元设计和课时分配建议

教学模块	模块课时	学习任务	主要内容	任务课时
模块一 客车运用维修	38	任务一　客车运用维修体系认知	客车运用维修体系	2
		任务二　铁路交通事故管理认知	铁路交通事故等级、调查、报告和责任判定	2
		任务三　客车单车技术检查	库检流程、单车技术检查	18
		任务四　旅客列车制动机试验	单车试验、列车试验	4
		任务五　客车运用故障维修	模拟配轮、更换闸瓦等	6
		任务六　客车电气装置检修	库检绝缘测试、电气元件测量等	6
模块二 货车运用维修	14	任务一　货车运用维修体系认知	货车运用维修体系	2
		任务二　货车单车技术检查	货车单车技术检查	6
		任务三　TFDS 典型故障识别	5T 系统、TFDS 典型故障快速判断	6
模块三 动车组运用检修	16	任务一　受电弓一级检修	受电弓原理、一级维护	6
		任务二　客室设施一级检修	供水系统、真空集便器和电热开水器维护	6
		任务三　设备舱日常维护	牵引变压器、牵引变流器和辅助供电设备日常维护	4
总课时			68	

说明：① "任务 1.3 客车单车技术检查"这一节安排课时较多，可与客车检车员资格考试相结合进行教学；
② 客车 TVDS 因与货车 TFDS 的工作原理相似，为避免重复讲述，故作为学习辅助材料来安排。

目 录

模块一 客车运用维修 1
 任务一 客车运用维修体系认知 1
 学习辅助材料一：客车运用技术标准和质量监督 6
 学习辅助材料二：客车运用维修基础概念 6
 思考题 8
 任务二 铁路交通事故管理认知 8
 思考题 14
 任务三 客车单车技术检查 15
 学习辅助材料三：客车 TVDS 34
 思考题 36
 任务四 旅客列车制动机试验 37
 思考题 49
 任务五 客车运用故障维修 49
 思考题 53
 任务六 客车电气装置检修 54
 学习辅助材料四：客车 TCDS 59
 思考题 59

模块二 货车运用维修 60
 任务一 货车运用维修体系认知 60
 学习辅助材料五：爱车工作 66
 学习辅助材料六：车列、车底和列车的概念 67
 思考题 67
 任务二 货车单车技术检查 67
 思考题 72
 任务三 TFDS 典型故障识别 72
 思考题 97

模块三 动车组运用检修 ··· 98
 任务一 受电弓一级检修 ··· 98
  思考题 ··· 116
 任务二 客室设施一级检修 ··· 116
  思考题 ··· 140
 任务三 设备舱日常维护 ··· 141
  思考题 ··· 158

参考文献 ··· 159

模块一 客车运用维修

任务一 客车运用维修体系认知

 学习任务描述

掌握客车运用维修的特点、维修内容、职能部门、修程管理、故障分类，了解客车技术整备所的功能和主要设施，理解客车运用维修的各职能部门之间的分工和相互关系。

 教学实施建议

教师通过问题导入法引导学生思考客车运用维修的重要性，进而引发对相关知识的学习。通过独立学习、小组互相学习、小组归纳总结等环节，使学生能够准确把握和理解客车运用维修的不同内容、不同分工、不同实施情境以及相互关系。

问题：对于具体的某一列跨局旅客列车，在始发站和终到站之间往返运行的整个过程中，车辆部门做了哪些检修工作来保障列车安全运行？

一、客车运用维修的重要性和特点

1. 客车运用维修的重要性

客车是铁路旅客运输的重要运载工具，运用客车的维修质量直接关系到旅客的生命财产安全，因此，铁路客车运用维修工作是铁路运输的重要组成部分。

提供良好设备，保证行车安全，为旅客运输服务，是客车运用维修工作的基本任务。

2. 客车运用维修的特点

铁路客车实行固定配属管理，客车所属的铁路局、车辆段对客车的维修质量、安全负责。

铁路客车运用维修工作必须坚持质量第一和为运输服务的原则，积极推行按走行公里施修的维修体制，贯彻修、养并重，预防为主的方针，不断加强基础工作，完善运用管理制度，为铁路旅客运输提供质量良好的客车。

二、客车运用维修的内容和职能部门

库列检、客列检、车辆包乘组是对运用客车进行检修、维护和保养的重要部门,担负着确保旅客列车绝对安全和为旅客提供良好旅行服务设施的重要职责,处于铁路运输安全生产的第一线。

1. 库列检

库列检是运用客车维修与保养的主体,承担着客车入库检修、辅修、A1级检修和客车整修等工作。经检修的本属客车应达到《运用客车出库质量标准》的规定,并保证列车在一个入库检修周期内不发生责任事故。图 1-1 所示为检车员对入库列车进行库检检车作业。

图 1-1 检车人员进行库检作业

2. 客列检

客列检是确保旅客列车安全运行的重要部门,承担对始发、终到、通过旅客列车走行部进行重点技术检查,及时排除危及行车安全故障等工作,如图 1-2 所示。

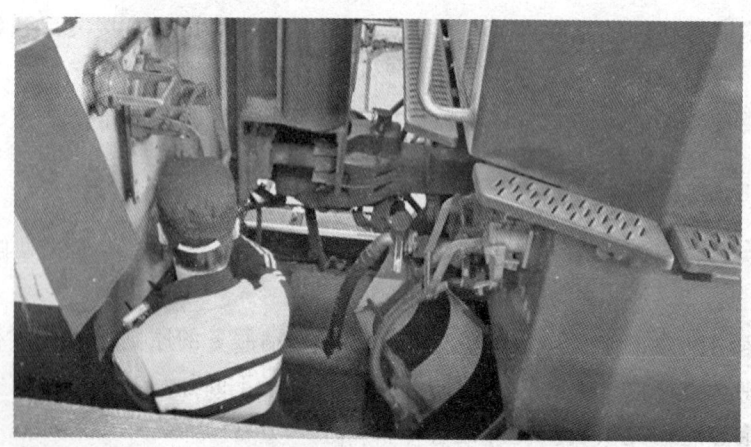

图 1-2 客列检人员在连挂机车后进行管线连接

3. 车辆乘务组

车辆乘务组是监控旅客列车运行安全的重要岗位，承担着妥善处理列车运行途中发生的故障和为旅客提供良好服务设施的工作。

车辆乘务员在工作时必须佩带臂章，式样如图1-3所示。

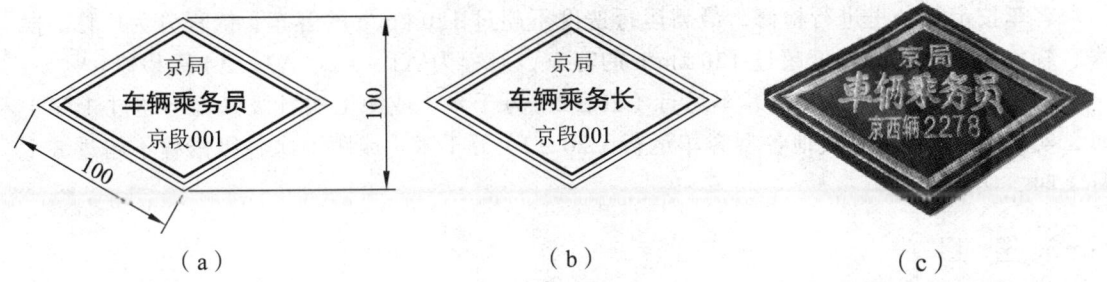

图1-3　车辆乘务员臂章

车辆乘务组一次出乘作业流程如下：

（1）出勤报到（听取值班员传达相关事项，出乘）。

（2）库内作业（按包修范围整修，出库验收，随车出库）。

（3）始发站作业（参加列车制动机简略试验，见图1-4）。

（4）途中作业（运行途中每2~3小时巡视一次车厢并记录轴温，换挂机车站作业，途中故障处理，记录"车统–181"）。

（6）终到站作业（即始发站）。

（7）随车入库。

（8）退乘。

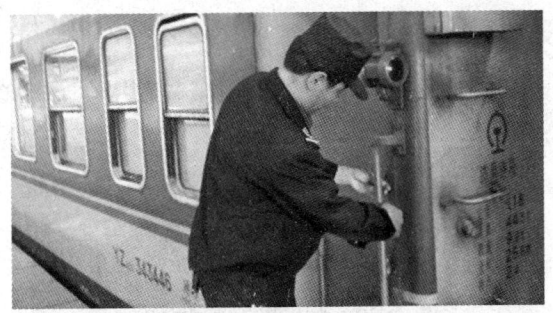

图1-4　车辆乘务员为始发列车挂尾灯

三、客车修程管理

1. 库　检

跨局直通旅客列车每运行一个往返必须安排入库检修；单程运行距离在2 000 km及以上的旅客列车，在折返站时原则上应安排入库检修。铁路局管内运行的旅客列车可按走行公里确定入库检修周期，原则上运行4 000 km须入库检修一次。

旅客列车入库进行技术检查作业的时间每次不得少于 6 h。凡入库检修的车辆，出库前必须达到《运用客车出库质量标准》的规定；未完成检修或未达到标准的，一律不得上线运行。

2. A1 级检修和辅修

客车按走行公里进行检修，最高运行速度不超过 120 km/h 的客车，修程分为厂修、段修、辅修；最高运行速度超过 120 km/h 的客车，修程为 A1、A2、A3、A4 级检修。

标记速度为 160 km/h 的客车运行（20±2）万千米（或距上次各级修程不超过 1 年）时，实施 A1 级检修；其他各型客车运行（20±2）万千米（或距上次各级修程不超过 8 个月）时，实施辅修。

3. 整　修

运用客车每年应进行三次集中整修。春运前，实施春运整修；春运后至暑运前，实施春季整修；暑运后，实施秋季防寒整修。这三次整修除执行《运用客车出库质量标准》外，还应结合各次整修的特点，进行有针对性的重点整治。

四、客车技术整备所

客车技术整备所简称客整所，其功能及主要设施如下：

1. 客整所的功能

客整所是客车运用维修保养的重要基地，具有列车的 A1 修、辅修、入库检查、车辆的整修及临修等功能。

2. 客整所的主要设施

（1）车辆停留线——存放非运用客车（如备用车、专用车、检修回送车等）的线路，如图 1-5 所示。

图 1-5　车辆停留线

（2）列车整备库——对客车车底进行技术检查、整修的场所。列车整备库设有检修线和地沟，便于对客车下部走行装置进行检查和修理，在检修线进车端的适当位置设有列车制动机试验装置，如图 1-6 所示。

图 1-6　客车整备库

（3）临修库——专供客车进行摘车临修的场所。

（4）材料配件库。

（5）配备的设施和设备：落轮坑、起重、动力、风管路、油管路、上水、排水、排烟除尘、暖气预热、车电检修、配件检修、轮对镟修、照明、污水处理等设备和设施。图1-7所示为更换轮对的落轮坑。

图 1-7　落轮坑

（6）办公房屋和生活设施等。

五、客车运用故障分类

客车运用故障分为A、B、C、D 4类，从A级到D级，故障程度逐级加重。

以转向架的"油压减振器及座"部位为例：

（1）A类故障：① 漏油；② 安装螺母松动1条。

（2）B类故障：① 安装螺母松动每处1条，合计2条；② 安装螺母、垫、防雨帽丢失。

（3）C类故障：① 超过B类范围者；② 25K、25Z、25DT、25T、19K、19T客车油压减振器漏油。

（4）D类故障：油压减振器座裂纹。

学习辅助材料一：客车运用技术标准和质量监督

1. 运用维修工作的技术标准

《铁路客车运用维修规程》是铁路客车向时速 200 km 及以上动车组发展的过渡时期客车运用维修管理的基本规程。

《运用客车出库质量标准》《客车 A1 级检修质量标准》《客车辅修质量标准》是铁路客车维修生产组织的质量标准。

2. 运用维修质量监督

车辆段设有质量检查机构，配置专职的质量检查人员，由车辆段直接管理。质量检查机构应每月对全部运用列车进行质量检查和鉴定，并做出质量分析与评价报告，根据故障规律有针对性地开展工作。

学习辅助材料二：客车运用维修基础概念

1. 车　底

车底是指由若干车辆按固定编组而成的车列，在列车运行周期中，所需要的车底数由列车一次往返的时间确定。例如，济南到深圳东的 K1281/1282 次旅客列车，往返运行 55 小时 49 分（3 天），则需要 3 组车底。图 1-8 所示为 K1281/1282 车次牌，图 1-9 所示为旅客列车车底。

图 1-8　K1281/1282 车次牌

图 1-9　旅客列车车底

2. 列车编组计划

列车编组计划是全铁路的车流组织计划。列车编组计划所要研究和解决的主要问题就是怎样编组列车、编组哪些列车和在哪些车站上编组列车的问题。

其内容主要包括：列车的编组站；列车的解体站（到站）；列车中车辆的到站（重车）和车种（空车）；列车中车组的编挂方法。

列车中车组的编挂须根据中国铁路总公司和铁路局的列车编组计划进行。

3. 列车运行图

列车运行图是铁路行车组织工作的基础。列车运行图是表示列车在铁路各区间运行时刻及在各车站停车和通过时刻的线条图，它是铁路运输工作的综合计划和行车组织的基础。

所有与列车运行有关的铁路各部门，都必须按列车运行图的要求组织本部门的工作，以保证列车按运行图运行。

4. 列车运行方向和列车分类

（1）列车运行方向。

列车运行原则上以开往北京方向为上行，车次编为双数；远离北京方向为下行，车次编为单数。在个别区间，使用直通车次时，可与规定方向不符。

（2）列车分类。

列车按运输性质分为以下几种：

① 旅客列车（分为特快、快速和普通旅客列车）；

② 行邮、行包列车（特快、快速行邮列车，行包列车）；

③ 军用列车——用来运送军队与军用物资的列车；

④ 货物列车（五定班列、快运、重载、直达、直通、冷藏、自备车、区段、摘挂、超限及小运转列车）；

⑤ 路用列车——专为运送铁路自用物资而开行的列车。

5. 隔离车

旅客列车按旅客列车编组表编组，机车后第一位编挂一辆未搭乘旅客的车辆作为隔离车，列车最后一辆的后端应有压力表、紧急制动阀和运转车长乘务室。

行李车、邮政车、发电车等非乘坐旅客的车辆的隔离车应分别挂于机车后第一位和列车尾部，起隔离作用；在装设集中联锁的区段，设有列车运行监控记录装置或列车超速防护系统时，旅客列车可不挂隔离车。

如隔离车在途中发生故障而摘下时，可无隔离车继续运行。局管内旅客列车经铁路局长批准，可不隔离。

思考题

1. 客车运用维修有什么特点?
2. 客车运用维修的内容包括哪些?分别是由什么职能部门承担的?
3. 客车技术整备所主要进行哪些检查和维修工作?其主要设备设施有哪些?

任务二 铁路交通事故管理认知

 学习任务描述

掌握铁路交通事故的定义、等级划分、事故报告流程,了解铁路交通事故调查基本知识,明确事故责任类别,牢固树立安全生产第一、严控检修质量的职业意识。

 教学实施建议

教师通过案例对铁路交通事故等级进行必要的讲解和区分,引导学生学习我国铁路交通事故的有关规定,在懂得事故责任判定的基础上,形成对安全的基本认识和防范意识。

一、新《铁路交通事故调查处理规则》实施的重大意义

新《铁路交通事故调查处理规则》(以下简称新《事规》),是根据国务院《铁路交通事故应急救援和调查处理条例》制定的,为原铁道部令第 30 号,2007 年 8 月 10 日定稿,自 2007 年 9 月 1 日起施行。

(1)新《事规》是铁路运输安全法制建设的一件大事。

(2)新《事规》对于规范铁路交通事故应急救援和调查处理工作,切实维护人民生命财产安全,保障铁路运输安全畅通,促进和谐铁路建设,促进铁路安全发展具有十分重要的意义。

二、铁路交通事故定义

铁路机车车辆在运行过程中与行人、机动车、非机动车、牲畜及其他障碍物相撞,或者铁路机车车辆发生冲突、脱轨、火灾、爆炸等,或者在铁路行车相关作业过程中,

造成人员伤亡、设备损坏、经济损失、影响铁路正常行车达到一定程度的，均构成铁路交通事故。

三、铁路交通事故等级

铁路交通事故分为 4 个等级：
（1）特别重大事故；
（2）重大事故；
（3）较大事故；
（4）一般事故。

1. 特别重大事故构成条件

有下列情形之一的，为特别重大事故：
（1）造成 30 人以上死亡。
（2）造成 100 人以上重伤。
（3）造成 1 亿元以上直接经济损失。
（4）繁忙干线客运列车脱轨 18 辆以上并中断铁路行车 48 小时以上。
（5）繁忙干线货运列车脱轨 60 辆以上并中断铁路行车 48 小时以上。

2. 重大事故构成条件

有下列情形之一的，为重大事故：
（1）造成 10 人以上 30 人以下死亡。
（2）造成 50 人以上 100 人以下重伤。
（3）造成 5 000 万元以上 1 亿元以下直接经济损失。
（4）客运列车脱轨 18 辆以上。
（5）货运列车脱轨 60 辆以上。
（6）客运列车脱轨 2 辆以上 18 辆以下，并中断繁忙干线铁路行车 24 小时以上或者中断其他线路铁路行车 48 小时以上。
（7）货运列车脱轨 6 辆以上 60 辆以下，并中断繁忙干线铁路行车 24 小时以上或者中断其他线路铁路行车 48 小时以上。

3. 较大事故构成条件

有下列情形之一的，为较大事故：
（1）造成 3 人以上 10 人以下死亡。
（2）造成 10 人以上 50 人以下重伤。
（3）造成 1 000 万元以上 5 000 万元以下直接经济损失。
（4）客运列车脱轨 2 辆以上 18 辆以下。

（5）货运列车脱轨 6 辆以上 60 辆以下。
（6）中断繁忙干线铁路行车 6 小时以上。
（7）中断其他线路铁路行车 10 小时以上。

4. 一般事故分类

一般事故分为：
（1）一般 A 类事故；
（2）一般 B 类事故；
（3）一般 C 类事故；
（4）一般 D 类事故。

从 A 类到 D 类，事故严重程度逐级减小。

（1）一般 A 类事故条件。

有下列情形之一，未构成较大以上事故的，为一般 A 类事故：

A1：造成 2 人死亡。

A2：造成 5 人以上 10 人以下重伤。

A3：造成 500 万元以上 1 000 万元以下直接经济损失。

A4：列车及调车作业中发生冲突、脱轨、火灾、爆炸、相撞，造成下列后果之一的：

- A4.1：繁忙干线双线之一线或单线行车中断 3 小时以上 6 小时以下，双线行车中断 2 小时以上 6 小时以下。
- A4.2：其他线路双线之一线或单线行车中断 6 小时以上 10 小时以下，双线行车中断 3 小时以上 10 小时以下。
- A4.3：客运列车耽误本列车 4 小时以上。
- A4.4：客运列车脱轨 1 辆。
- A4.5：客运列车中途摘车 2 辆以上。
- A4.6：客车报废 1 辆或大破 2 辆以上。
- A4.7：机车大破 1 台以上。
- A4.8：动车组中破 1 辆以上。
- A4.9：货运列车脱轨 4 辆以上 6 辆以下。

（2）一般 B 类事故条件。

有下列情形之一，未构成一般 A 类及以上事故的，为一般 B 类事故：

B1：造成 1 人死亡。

B2：造成 5 人以下重伤。

B3：造成 100 万元以上 500 万元以下直接经济损失。

B4：列车及调车作业中发生冲突、脱轨、火灾、爆炸、相撞，造成下列后果之一的：

- B4.1：繁忙干线行车中断 1 小时以上。
- B4.2：其他线路行车中断 2 小时以上。
- B4.3：客运列车耽误本列 1 小时以上。

- B4.4：客运列车中途摘车 1 辆。
- B4.5：客车大破 1 辆。
- B4.6：机车中破 1 台。
- B4.7：货运列车脱轨 2 辆以上 4 辆以下。

（3）一般 C 类事故条件。

有下列情形之一，未构成一般 B 类以上事故的，为一般 C 类事故：

C1：列车冲突。

C2：货运列车脱轨。

C3：列车火灾。

C4：列车爆炸。

C5：列车相撞。

C6：向占用区间发出列车。

C7：向占用线接入列车。

C8：未准备好进路接、发列车。

C9：未办或错办闭塞发出列车。

C10：列车冒进信号或越过警冲标。

C11：机车车辆溜入区间或站内。

C12：列车中机车车辆断轴，车轮崩裂，制动梁、下拉杆、交叉杆等部件脱落。

C13：列车运行中碰撞轻型车辆、小车、施工机械、机具、防护栅栏等设备设施或路料、坍体、落石。

C14：接触网接触线断线、倒杆或塌网。

C15：关闭折角塞门发出列车或运行中关闭折角塞门。

C16：列车运行中刮坏行车设备设施。

C17：列车运行中设备设施、装载货物（包括行包、邮件）、装载加固材料（或装置）超限（含按超限货物办理超过电报批准尺寸的）或坠落。

C18：装载超限货物的车辆按装载普通货物的车辆编入列车。

C19：电力机车、动车组带电进入停电区。

C20：错误向停电区段的接触网供电。

C21：电化区段攀爬车顶耽误列车。

C22：客运列车分离。

C23：发生冲突、脱轨的机车车辆未按规定检查鉴定编入列车。

C24：无调度命令施工，超范围施工，超范围维修作业。

C25：漏发、错发、漏传、错传调度命令导致列车超速运行。

（4）一般 D 类事故条件。

D1：调车冲突。

D2：调车脱轨。

D3：挤道岔。

D4：调车相撞。

D5：错办或未及时办理信号致使列车停车。
D6：错办行车凭证发车或耽误列车。
D7：调车作业碰轧脱轨器、防护信号，或未撤防护信号动车。
D8：货运列车分离。
D9：施工、检修、清扫设备耽误列车。
D10：作业人员违反劳动纪律、作业纪律耽误列车。
D11：滥用紧急制动阀耽误列车。
D12：擅自发车、开车、停车、错办通过或在区间乘降所错误通过。
D13：列车拉铁鞋开车。
D14：漏发、错发、漏传、错传调度命令耽误列车。
D15：错误操纵、使用行车设备耽误列车。
D16：使用轻型车辆、小车及施工机械耽误列车。
D17：应安装列尾装置而未安装发出列车。
D18：行包、邮件装卸作业耽误列车。
D19：电力机车、动车组错误进入无接触网线路。
D20：列车上工作人员往外抛掷物体造成人员伤害或设备损坏。
D21：行车设备故障耽误本列客运列车 1 小时以上，或耽误本列货运列车 2 小时以上；固定设备故障延时影响正常行车 2 小时以上（仅指正线）。

四、事故报告

1. 事故报告规定

特别重大事故、重大事故，由国家铁路局负责向国务院报告，并向国家安全生产监督管理总局等有关部门通报。

发生特别重大事故、重大事故、较大事故或者有人员伤亡的一般事故，安全监管办应向事故发生地县级以上地方人民政府及其安全生产监督管理部门通报。

2. 事故报告主要内容

事故报告的主要内容：
（1）事故发生的时间、地点、区间（线名、公里、米）、线路条件、事故相关单位和人员。
（2）发生事故的列车种类、车次、机车型号、部位、牵引辆数、吨数、计长及运行速度。
（3）旅客人数、伤亡人数、性别、年龄以及救助情况，是否涉及境外人员伤亡。
（4）货物品名、装载情况，易燃、易爆等危险货物情况。
（5）机车车辆脱轨辆数、线路设备损坏程度等情况。
（6）对铁路行车的影响情况。
（7）事故原因的初步判断，事故发生后采取的措施及事故控制情况。
（8）应当立即报告的其他情况。

五、事故调查

1. 事故调查权限

（1）特别重大事故：国务院或国务院授权的部门组织事故调查组进行调查。
（2）重大事故：国家铁路局组织事故调查组进行调查。
（3）较大事故和一般事故：事故发生地安全监管办组织事故调查组进行调查。国家铁路局可参与或直接组织对较大事故和一般事故进行调查。

2. 事故调查组职责

（1）查明事故发生的经过、原因、人员伤亡情况及直接经济损失。
（2）认定事故的性质和事故责任。
（3）提出对事故责任者的处理建议。
（4）总结事故教训，提出防范和整改措施。
（5）提交事故调查报告。

3. 事故调查取证

（1）搜集现场物证、痕迹，测量并绘制现场示意图。
（2）移动伤亡者及物体应做出标记；无法移动的应予守护，并设明显标志。
（3）收取口述、笔述、笔录、证照、档案，并复制、拍照。无见证人或者当事人、相关人员拒绝签字的，应当记录在案。
（4）对事故现场、设备、部位等进行拍照、摄像。
（5）收取伤亡人员伤害程度医学资料。
（6）查阅有关规章制度、记录、台账等资料。
（7）对有关物证进行技术分析。
（8）脱轨事故还应对事故地点前后一定长度范围内的线路设备进行检查、测量。

4.《铁路交通事故调查报告》内容

（1）事故概况。
（2）事故造成的人员伤亡和直接经济损失。
（3）事故发生的原因和事故性质。
（4）事故责任的认定以及对事故责任者的处理建议。
（5）事故防范和整改措施建议。
（6）与事故有关的证明材料。

5. 事故调查组提交

《铁路交通事故调查报告》的期限：特别重大事故的调查期限为60日，重大事故的调查期限为30日，较大事故的调查期限为20日，一般事故的调查期限为10日。事故调查期限自事故发生之日起计算。

六、事故责任类别

事故责任类别如下：
（1）全部责任；
（2）主要责任；
（3）重要责任；
（4）次要责任；
（5）同等责任。

1. 事故责任判定

事故责任判定详见《事规》。

2. 事故直接经济损失构成

（1）铁路机车车辆、线路、桥隧、通信、信号、供电、信息、安全、给水等设备设施的损失费用。报废设备按报废设备账面净值计算，或按照市场重置价计算；破损设备设施按修复费用计算。
（2）铁路运输企业承运的行包、货物的损失费用。
（3）事故中死亡和受伤人员的处理、处置、医治等费用（不含人身保险赔偿费用）。
（4）被撞机动车、非机动车、牲畜等财产物资，造成的报废或修复费用。
（5）行车中断的损失费用。
（6）事故应急处置和救援费用。
（7）其他与事故直接有关的费用。

3. 事故损失费用的承担

（1）负有事故全部责任的，承担事故损失费用的100%；负有主要责任的，承担损失费用的50%以上；负有重要责任的，承担损失费用的30%以上50%以下；负有次要责任的，承担损失费用的30%以下。
（2）有同等责任，涉及多家责任单位承担经济损失时，由事故调查组根据责任程度依次确定损失承担比例。
（3）负同等责任的单位，承担相同比例的经济损失。

1. 铁路交通事故等级划分为哪几种？一般事故的等级是怎么进一步区分的？
2. 铁路交通事故的调查权限和事故调查期限是怎么规定的？
3. 铁路交通事故责任类别有哪几种？

任务三　客车单车技术检查

　学习任务描述

以装有 209P 转向架的 25G 型客车为载体，以客车检车员技能操作考试为驱动，学习客车单车技术检查的流程、方法、重点检查部位，强化训练单车技术检查能力。

　教学实施建议

教师在客车检车员中级工考试标准的基础上，针对学生在校学习重在流程、方法和安全防护的掌握，提出可行的客车单车技术检查的操作考试要求，以两人在车体两侧同时并行作业的检查方式进行训练，充分发挥学生自主练习、相互学习、相互监督的作用，在课时一定的条件下最大限度地提高训练效率，并在现车上设置故障进行考试，计时时间可以设置为 15 分钟左右。

单车技术检查是客车检车员必考实作内容，是铁路客车运用维修部门最基本的上岗技能。

一、209P 型转向架简介

209P 型客车转向架是为适应铁路客车提速的使用要求，在 209T 型客车转向架的基础上，参照 209PK 型转向架的相应部件，并结合解决 209T 转向架在提速后出现的某些问题而改进设计的。改进设计的重点是采用了盘形制动装置，其外观如图 1-10 所示。

图 1-10　209P 型转向架外观

209P 型转向架与 209T 型转向架的主要区别在于导柱不偏心，基础制动装置采用盘形制动和踏面清扫器。因此，除轮对组成及基础制动装置外，其基本结构与原 209T 型客车转向架基本相同。

209P 转向架主要由构架装置、导柱式轮对轴箱定位装置、摇枕弹簧装置、基础制动装置等组成。一般装用在 25G 铁路客车上，如图 1-11 所示。

图 1-11　209P 型转向架装用于 25G 客车

尽管 209P 型转向架不是普通速度客车上使用的较先进的转向架,但从目前的保有量来说,它仍然占有较大比例,因此本书以 209P 型转向架为准,讲述客车单车技术检查的方法和作业流程。

二、客车单车技术检查的步法和路线

客车单车技术检查按照地上、地下不同的作业环境分为地面检查和地沟检查两部分。

1. 地面检查路线

地面检查路线为:车端部→转向架→车辆中部→转向架→车端部,如图 1-12 所示。

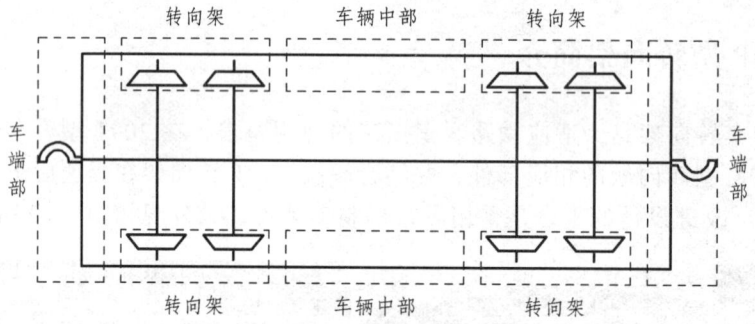

图 1-12　地面检查路线示意

2. 地沟检查路线

地沟检查路线为:车端部→转向架→车辆中部→转向架→车端部,如图 1-13 所示。

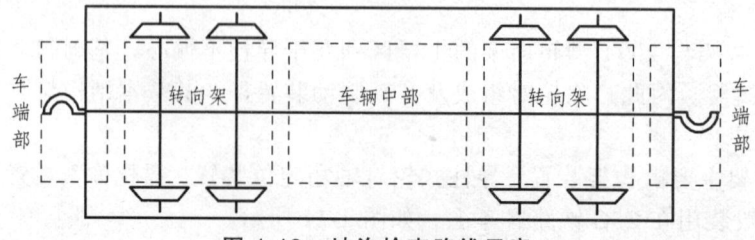

图 1-13　地沟检查路线示意

3. 两人并行共同作业的检查路线

学生两人组成一个训练小组,用"①号"、"②号"表示,分别从车体两侧并行,共同完成单车技术检查作业。

训练开始时,由①号同学插设防护,两人在确认防护设置好以后,才能同时开始检车,每人检查一套车钩,钩提杆在哪一侧,则该端的车钩归对应同学负责。

如果作业场地设有地沟,则先并行作业,完成地面检查,然后从结束检查的车钩一端共同进入地沟,一前一后进行车辆底部检查。两人确认检查完毕后,共同出地沟,由②号同学撤除防护。

如果作业场地没有地沟,则地面检查与地沟检查合并进行,路线如图1-14所示,两人以车体中心线为界分工负责对应部分的侧部和底部检查,车钩仍然以钩提杆为准分工负责,每人各检查一套。检车完毕后,两人在车体另一端会合,然后由②号同学迅速跑回插设防护的位置,撤除防护。

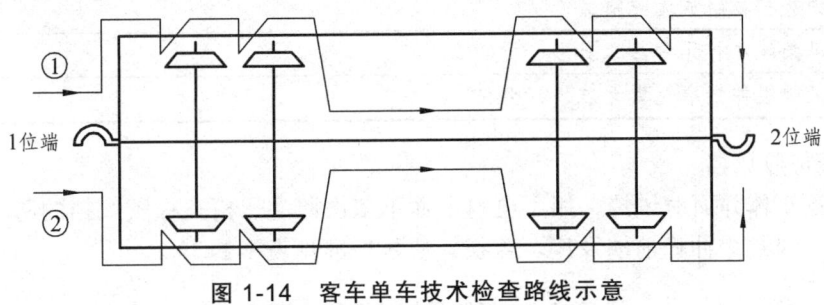

图1-14 客车单车技术检查路线示意

两人并行作业的检查过程中,要求做到分工明确、呼唤应答、进度协调,同时相互注意作业安全。

三、地面检查和地沟检查的范围划分

在实际库列检的检车工作中,地面检查和地沟检查的范围划分如下:

(1)车端以车钩缓冲装置摆块内侧为界,摆块内侧面以外为地面检查作业范围,摆块内侧面以内为地沟检查作业范围。

(2)转向架部分以轮对的轮缘顶点为界,外侧为地面作业检查范围,内侧为地沟作业检查范围。

(3)车底架部分以侧梁、缓冲梁外边缘为界,以外为地面作业检查范围,以内为地沟检查作业范围。

(4)双人作业时车体下部以纵向中心线分界。

四、客车单车技术检查作业标准

客车单车技术检查的作业方法、步骤和标准如下:

1. 车端部地面检查

（1）面对车端部风挡站立，对于不同类型的风挡，身体与车体的距离做适当调整。

① 对于铁质风挡。

身体距离车体 2 米处面对风挡站立，用手电照看、检查风挡扁弹簧，再向前靠近车体并面向风挡，用手电自上而下依次照看、检查扁弹簧固定螺栓螺母（或圆销、开口销）、风挡框、风挡缓冲杆前端及磨耗板。质量标准见表1-1。

表1-1　铁质风挡检查质量标准

序号	质量标准
1	风挡扁弹簧无折断、破损
2	风挡固定螺栓或圆销、开口销无折断；开口销磨耗不超过1/4；使用圆销时，扁开口销厚度不小于1.5 mm
3	铁风挡框组成无破损
4	风挡缓冲杆无弯曲、变形、折断
5	风挡缓冲杆磨耗板无破损、丢失

② 对于橡胶风挡。

身体靠近车体并面对风挡，用手电自上而下依次照看、检查橡胶风挡的防晒板、胶囊及固定螺栓、风挡缓冲杆前端及座、盖板。质量标准见表1-2。

表1-2　橡胶风挡检查质量标准

序号	质量标准
1	胶囊无老化、破损
2	橡胶风挡各固定螺栓无松动、折断
3	风挡缓冲杆前支点固定螺栓无折断；螺母无松动；开口销无折断，磨耗不超过1/4
4	风挡缓冲杆座、盖板螺栓无松动，内套无破损、窜出

（2）转身面向车体端墙站立、俯身，用手电照看，并用检车锤勾动检查。如图1-15所示。

① 依次目视检查车体倾斜程度，检查防攀盒，厂、段修标记，色票插。质量标准见表1-3。

表1-3　车体端墙检查质量标准

序号	质量标准
1	车体倾斜不超过50 mm，发现有倾斜现象时，通知工长测量确认
2	防攀盒关闭到位，搭扣防开良好
3	厂、段修不过期
4	色票插安装牢固、无破损

② 自上而下目视检查手制动机齿轮箱、转轴和链轮，敲击检查制动拉链固定螺母（1位端1位侧）。

质量标准为：齿轮箱盖无松动脱落，制动拉链固定螺母无松动。

③ 俯身用检车锤勾动防尘堵链，检查软管防尘堵、链（1位端1位侧、2位端2位侧）。质量标准见表1-4。

表1-4　防尘堵及链检查质量标准

序号	质量标准
1	防尘堵链捆绑后自由垂落距轨面距离大于100 mm
2	防尘堵链座无松动，链与座不脱开
3	防尘堵无变形、丢失

（3）面对钩提杆座、车钩连接方向，用手电照看检查（1位端2位侧、2位端1位侧）。俯身用检车锤尖部勾动钩提杆，检查落槽状态下的间隙；敲击检查提杆座螺栓的固定状态。

质量标准为：勾动钩提杆时，钩提杆不冲击下锁销连杆，钩提杆防跳良好；钩提杆座安装螺栓无松动。

（4）车钩三态作用试验及尺寸测量。如图1-16所示：

图1-15　车体倾斜等检查示意图

图1-16　车钩三态作用试验示意图

① 用手轻提钩提杆，试验开锁作用；拉开钩舌推至闭锁后再提钩提杆，试验全开作用。试验标准见表1-5。

表1-5　车钩开锁和全开作用试验标准

序号	试验标准
1	试验开锁作用时，推动钩舌，钩锁铁不能落下
2	试验全开作用时，钩舌需一次完全打开

② 跨步正对钩头，检查钩舌圆销上下开口销，在车钩全开状态下用手电照看钩头各部，将手电光线呈斜上或斜下45度依次目视检查上钩耳平面、钩舌内侧、钩腔、下钩耳平面。

质量标准为：各部无裂纹，销套间隙不超过7 mm。

③ 用卷尺测量全开位置下钩舌内侧面与钩腕内侧面的距离（上、中、下部各测量 1 次），全开尺寸要求不大于 250 mm。

④ 推进钩舌试验闭锁作用，用卷尺测量闭锁位置下钩舌内侧面与钩腕内侧面的距离（上、中、下部各测量 1 次），闭锁尺寸要求不大于 135 mm。

⑤ 在闭锁状态下，使用钩高尺测量车钩高度，并将钩高尺寸在车端标记框内记录，要求车钩高度在 830~890 mm 范围内。

（5）在车端部面对折角塞门方向，用检车锤勾动，用手电照看检查。

① 探身，用手电照看钩身、冲击座，用检车锤敲击检查摆块、吊和座。质量标准见表 1-6。

表 1-6　钩身等检查质量标准

序号	质量标准
1	摆块吊及冲击座无裂纹、破损
2	摆块吊悬挂良好，无脱出
3	钩身磨耗板无丢失、破损

② 用检车锤勾动检查制动（总风）软管、折角塞门。质量标准见表 1-7。

表 1-7　制动软管等检查质量标准

序号	质量标准
1	制动（总风）软管无松动、破损、漏泄、鼓泡
2	软管连接器无破损
3	制动软管与总风软管之间不磨碰
4	制动（总风）折角塞门角度正确，塞门盖螺栓紧固，折角塞门手把使用 $\phi 4 \times 32$ 不锈钢开口销防关

（6）前行至车门处，用检车锤敲击，用手电照看检查。

① 抬头检查防雨檐。质量标准为：防雨檐与车体无缝隙，安装牢固，无丢失。

② 用手拉动、目视检查侧门扶手，用检车锤敲击、检查乘降梯。

质量标准：侧门扶手座安装螺栓齐全，无松动；扶手无折断、弯曲变形；乘降梯安装牢固，无腐蚀、破损。

（7）探身检查车底架部位。

① 探身，用手电照看车底板及排水导管。

质量标准：车底板无孔洞、塌陷、变形；排水导管安装座与胶管无破损，安装座与车底地板处无缝隙。

② 沿主管方向用手电照看补助管及管卡、牵引梁、手制动机拉链（1 位端 1 位侧）。质量标准见表 1-8。

表1-8 补助管等检查质量标准

序号	质量标准
1	补助管管卡螺栓紧固,管路无漏泄
2	牵引梁盖板不开焊
3	手制动机拉链处于松弛状态

2. 转向架地面检查

(1)行进至第一处车轮所在的转向架外端部,面向第一处车轮踏面方向,采用一条腿弯曲、另一条腿伸直的下蹲姿势,用手电照看,并用检车锤敲击听声音检查,同时灵活调整目光角度以便观察。

① 用手电沿圆周方向照看车轮中下1/3部分轮缘、踏面、轮辋、辐板,用检车锤敲击踏面确认。质量标准见表1-9。

表1-9 车轮检查质量标准

序号	质量标准
1	轮缘无磨损发亮痕迹
2	踏面光亮部位均匀,无凹坑、掉块、鱼鳞状褶皱、划痕
3	踏面边缘不超出轮辋平面
4	轮辋不得过薄
5	轮辋、辐板无裂纹、错层、透锈

② 用手电自上而下沿轴箱弹簧螺旋方向照看,如图1-17所示,用检车锤敲击弹簧听声音协助确认。质量标准为:弹簧每圈间隙均匀,弹簧无断裂。

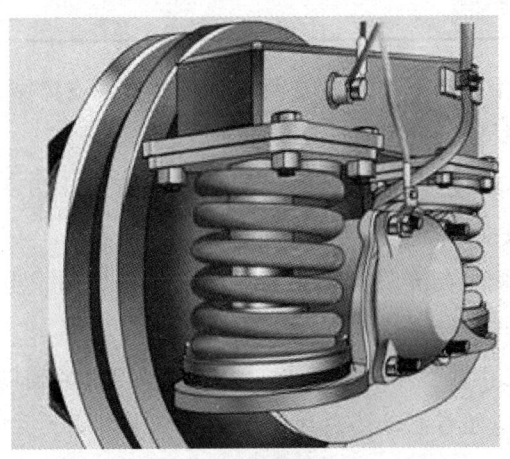

图1-17 轴箱弹簧示意图(第1处)

③ 用检车锤敲击查看弹簧导柱固定螺栓,用手电顺簧圈间隙照看导柱、弹性定位套。质量标准见表1-10。

表 1-10 弹簧导柱检查质量标准

序号	质量标准
1	导柱螺栓紧固无松动。普通螺母可敲击检查，敲击时声音清脆，螺母不转动；防松螺母确认防松标记不错位 注意：防松螺母不得敲击
2	导柱无折断
3	导柱与定位套不脱离

（2）迈步正对第一处轴箱盖，先下蹲、后起身，用手电照看，配合检车锤敲击同步检查。

① 下蹲，用手电照看轴箱盖，并用检车锤依次敲击轴箱盖螺母，需眼看、耳听同步确认。质量标准见表 1-11。

表 1-11 轴箱盖检查质量标准

序号	质量标准
1	轴箱前盖无裂纹，无甩油
2	车轮位数标记清晰正确
3	轴箱盖螺母无松动。普通螺母可敲击检查，敲击时声音清脆，螺母不转动；防松螺母确认防松标记不错位 注意：防松螺母不得敲击
4	轴箱铅封无丢失

② 起身至半蹲，用手电向下照看左右两侧轴箱弹簧下支撑圈。

质量标准：弹簧支撑圈无断裂。

③ 姿势不变，用手电照看车辆辅修标记（2 位、7 位轮上方）。

质量标准：辅修不过期。

④ 起身至站立，向侧架与车底板间探身，抬头仰视，用手电照看第一处车轮上方车底板。

质量标准：车底板无孔洞、塌陷、变形；中梁、横梁及各辅助梁无变形。

⑤ 姿势不变，用手电照看制动（总风）管路、管卡及座，并听声音协助判断。

质量标准：管路无漏泄声音；管卡齐全，固定螺栓螺母紧固。

⑥ 姿势不变，用手电照看手制动机拉杆、转轮、导框等部分（1 位轮上方）。质量标准见表 1-12。

表 1-12 手制动机拉杆检查质量标准

序号	质量标准
1	手制动机拉杆无弯曲、折断、开焊，不与车轮或转向架各部抗磨
2	导框安装牢固
3	手制动机转轮安装牢固，开口销无折断，磨耗不超过 1/4
4	钢丝绳不受力、无断股，连接圆销、垫圈齐全，开口销无折断，磨耗不超过 1/4

⑦ 姿势不变，低头探视，用手电沿第一处车轮圆周方向照看车轮上 1/3 部分轮缘、踏面、轮辋、辐板，用检车锤敲击踏面确认。质量标准与表 1-9 相同。

⑧ 姿势不变，用手电照看轴箱弹簧内侧面及轴箱后壁。

质量标准：轴箱弹簧内侧无断裂；轴箱后壁无甩油。

（3）迈步至第二处轴箱弹簧与摇枕吊之间，面向第一处车轮踏面方向，采用一腿弯曲、一腿伸直的下蹲姿势，用手电照看，用检车锤敲击听声音检查，灵活调整目光角度以便观察。

① 用手电沿圆周方向照看车轮中下 1/3 部分轮缘、踏面、轮辋、辐板，用检车锤敲击踏面确认。质量标准与表 1-9 相同。

② 用手电自上而下沿轴箱弹簧螺旋方向照看，如图 1-18 所示，用检车锤敲击弹簧听声音协助确认。注意：要仔细照看弹簧支撑圈与有效圈过渡部位。

质量标准：弹簧每圈间隙均匀；弹簧无断裂。

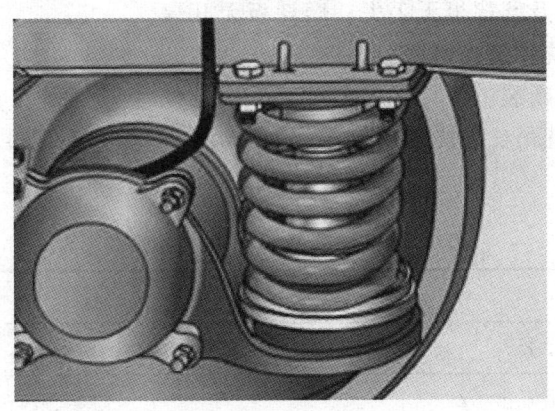

图 1-18 轴箱弹簧示意图（第 2 处）

③ 用检车锤敲击查看弹簧导柱固定螺栓，用手电顺簧圈间隙照看导柱、弹性定位套。质量标准与表 1-10 相同。

（4）位置不变，转身面向第一处摇枕弹簧方向，采用一腿弯曲、一腿伸直的下蹲姿势，用手电照看，用检车锤敲击听声音检查，灵活调整目光角度以便观察。

① 用手电照看构架侧梁及弯角处。

质量标准：补强板焊缝无裂纹。

② 用手电照看手制动机曲拐（1 位轮与摇枕间）。

质量标准：安装螺栓螺母、圆销、垫圈、开口销无丢失；开口销无折断，磨耗不超过 1/4。

③ 用手电照看弹簧托梁上平面及侧面，如图 1-19 所示。

质量标准：检查部位无弯曲。

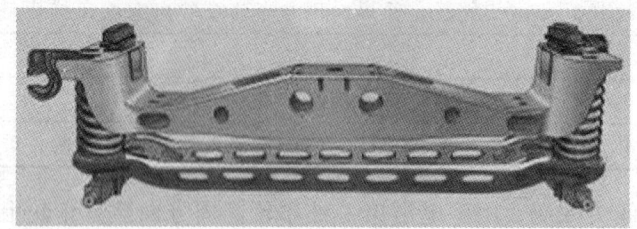

图 1-19 摇枕弹簧托梁示意图

④ 用手电照看弹簧托梁安全吊及安装座。质量标准见表 1-13。

表 1-13 弹簧托梁安全吊检查质量标准

序号	质量标准
1	螺栓孔、安装座根部无裂纹、折断
2	安全吊螺栓紧固无松动。普通螺母可敲击检查，敲击时声音清脆，螺母不转动；防松螺母确认防松标记不错位 注意：防松螺母不得敲击

⑤ 用手电照看横向缓冲器及磨耗板。

质量标准：缓冲器及磨耗板无丢失；磨耗板无开焊。

⑥ 用手电照看摇枕弹簧内侧面。

质量标准：弹簧无断裂。

⑦ 用手电照看摇枕吊、摇枕吊轴与托梁，并用检车锤敲击，听声音协助确认。质量标准见表 1-14。

表 1-14 摇枕吊等检查质量标准

序号	质量标准
1	摇枕吊销无丢失
2	摇枕吊销套无窜出
3	摇枕吊支撑板安装正位
4	摇枕吊入槽
5	销轴开口销无折断，磨耗不超过 1/4
6	摇枕弹簧托梁螺栓紧固无松动。普通螺母可敲击检查，敲击时声音清脆，螺母不转动；防松螺母确认防松标记不错位 注意：防松螺母不得敲击

⑧ 用手电沿螺旋方向照看摇枕弹簧内外圈。

质量标准：弹簧每圈间隙均匀，弹簧无断裂。

（5）迈步至正对垂向油压减振器。采用站立和半蹲姿势，用手电依次照看旁承、牵引拉杆、油压减振器，配合敲击听声音确认，灵活调整目光角度以便观察。

① 用手电照看旁承装置，并用检车锤敲击确认。质量标准见表1-15。

表1-15　旁承装置检查质量标准

序号	质量标准
1	旁承螺栓紧固无松动。普通螺母可敲击检查，敲击时声音清脆，螺母不转动；防松螺母确认防松标记不错位 注意：防松螺母不得敲击
2	同一转向架左右旁承间隙之和为2～6 mm，两侧检车员需要呼唤应答确认

② 用手电照看牵引拉杆，并用检车锤敲击确认。质量标准见表1-16。

表1-16　牵引拉杆检查质量标准

序号	质量标准
1	牵引拉杆各部无裂纹 注意：组焊结构牵引拉杆需重点检查
2	用检车锤敲击螺母、备母时，声音清脆，螺母不转动
3	拉杆端部开口销无折断，磨耗不超过1/4
4	橡胶夹板无裂纹，缺损，丢失，止铁无破损
5	牵引拉杆座弯角处无裂纹

③ 用手电照看垂向油压减振器，并用检车锤敲击压板进行确认。质量标准见表1-17。

表1-17　垂向油压减振器检查质量标准

序号	质量标准
1	标识牌、防雨帽无丢失
2	安装螺母无松动
3	无漏油、折断
4	安装座无裂纹

（6）迈步至摇枕吊与第三处轴箱弹簧之间，采用一腿弯曲、一腿伸直的下蹲姿势，面向第二处摇枕弹簧方向用手电照看，用检车锤敲击听声音检查，灵活调整目光角度以便观察。

① 用手电沿螺旋方向照看摇枕弹簧内外圈。

质量标准：弹簧每圈间隙均匀，弹簧无断裂。

② 用手电照看摇枕吊、摇枕吊轴与托梁，并用检车锤敲击，听声音协助确认。质量标准与表1-14相同。

③ 用手电照看摇枕弹簧内侧面。

质量标准：弹簧无断裂。

④ 用手电照看横向缓冲器及磨耗板。

质量标准：磨耗板无开焊。

⑤ 用手电照看弹簧托梁安全吊及安装座，并用检车锤敲击，听声音协助确认。质量标准与表1-13相同。

⑥ 用手电照看弹簧托梁上平面及侧面。

质量标准：检查部位无弯曲。

⑦ 用手电照看构架侧梁及弯角处。

质量标准：补强板焊缝无裂纹。

（7）位置不变，转身面向第二处车轮踏面方向，具体步骤同第一轮。

3. 车辆中部地面检查

（1）检查完第一处转向架后，前行至车辆中部缓解指示器位置，采用半蹲或下蹲姿势，用手电照看，用检车锤敲击听声音检查。

① 半蹲，用手电照看缓解指示器及支管截断塞门。质量标准见表1-18。

表1-18 指示器等检查质量标准

序号	质量标准
1	缓解指示器安装螺栓无松动
2	缓解指示器罩无裂纹、破损或雾气，显示清晰
3	支管截断塞门处于开通位置

② 下蹲，用手电照看气路控制箱，耳听有无漏泄声响。质量标准见表1-19。

表1-19 气路控制箱检查质量标准

序号	质量标准
1	箱盖关闭
2	箱体无破损、变形
3	搭扣锁闭，防开良好

③ 下蹲，用手电照看104分配阀主阀、紧急阀、中间体（非集控箱车辆配备），并可用检车锤敲击螺母及耳听有无漏泄声响。质量标准见表1-20。

表1-20 104分配阀检查质量标准

序号	质量标准
1	主阀、紧急阀安装螺栓无松动
2	排风嘴齐全，角度正确
3	紧急阀排风口胶垫无丢失
4	中间体吊架安装螺栓无松动
5	中间体无裂纹

④ 下蹲，用手电照看集控箱（非中间体车辆配备），耳听有无漏泄声响。质量标准见表 1-21。

表 1-21 集控箱检查质量标准

序号	质量标准
1	箱盖关闭
2	箱体无破损、变形
3	搭扣锁闭，防开良好

⑤ 下蹲，用手电照看各风缸，耳听有无漏泄声响，用检车锤敲击吊带外侧螺母。质量标准见表 1-22。

表 1-22 各风缸检查质量标准

序号	质量标准
1	风缸标记清晰正确
2	风缸吊带无折断
3	外侧吊带螺栓无松动
4	风缸塞门无松动

（2）起身向下转向架行进，进行转向架地面检查作业，步骤同"2.转向架地面检查"。

4. 车端部地沟检查

（1）地面检查完毕后，从结束检查的车钩一端进入地沟。在检查侧第一处风挡缓冲杆下部站立。

① 抬头用手电从风挡缓冲弹簧起照看至缓冲杆后部，如图 1-20、图 1-21 所示。质量标准见表 1-23。

图 1-20 风挡缓冲弹簧

图 1-21 缓冲杆后部

表 1-23 风挡缓冲弹簧等检查质量标准

序号	质量标准
1	缓冲弹簧无折断
2	风挡缓冲杆后部焊接部位牢固,无开焊或脱落。扁插销及垫圈无丢失,开口销无折断、磨耗不超过 1/4

② 前行,用手电照看翻板弹簧,如图 1-22 所示。

质量标准:翻板弹簧无裂损、脱出,挂钩无折断、破损或弯曲变形,螺母紧固无松动,开口销无折断,磨耗不超过 1/4。

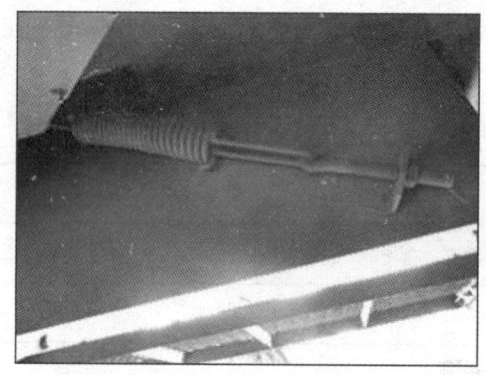

图 1-22 翻板弹簧

(2) 转身至车钩钩身托板下部站立。

① 抬头,用手电照看钩舌下部,如图 1-23 所示。

质量标准:钩舌销孔销套无窜动;钩舌销、开口销需包卷,开口销无折断,磨耗不超过 1/4。

图 1-23 钩舌销开口销

② 抬头,用手电照看车钩钩身托板安装螺栓,并用检车锤敲击确认。

质量标准:螺母无松动、丢失。

③ 前行至钩尾销处,用检车锤敲击钩尾销螺栓,如图 1-24 所示。

质量标准:钩尾销螺栓无松动,防松止铁及防失铁丝无折断、丢失。

图 1-24 钩尾销螺栓

④ 前行至缓冲器下部,抬头用手电照看缓冲器前后端,用检车锤敲击钩尾框托板安装螺栓,如图 1-25 所示。质量标准见表 1-24。

图 1-25 钩舌销开口销

表 1-24 缓冲器下部检查质量标准

序号	质量标准
1	钩尾框不上翘
2	安装螺栓无松动、丢失
3	缓冲器与前后从板密贴

5. 转向架地沟检查

(1) 在地沟前行,面对第一处制动盘站立。采取手电照看、检车锤敲击协助确认的检查方式,如图 1-26 所示。

图 1-26 制动盘检查

① 用手电沿圆周方向依次照看检查轮缘、轮辋、辐板内侧面及轮毂,如图 1-27 所示。质量标准见表 1-25。

图 1-27 轮缘等部位

表 1-25 轮缘等检查质量标准

序号	质量标准
1	轮缘内侧不得有长度>30 mm 或宽度>10 mm 的缺损,凹痕深度需≤1 mm
2	轮辋、辐板内侧无裂纹
3	轮毂无松动

② 检查制动盘。

对于整体式制动盘,用手电沿圆周方向依次照看检查内、外侧制动盘面,盘座,散热筋及轴身,如图 1-28 所示。质量标准见表 1-26。

图 1-28 整体式制动盘

表 1-26 整体式制动盘检查质量标准

序号	质量标准
1	制动盘面裂纹距制动盘边缘<10 mm 时,裂纹长度需<65 mm;距制动盘边缘≥10 mm 时,裂纹长度需<95 mm;盘面磨耗不超过标准线
2	制动盘座无裂纹,盘座与制动盘连接螺栓齐全无松动
3	散热筋无裂纹、折断
4	轴身打痕、碰伤、磨伤及弹伤深度≤2 mm

对于分体式制动盘,用手电沿圆周方向依次照看检查内、外制动盘面、盘座、连接螺栓孔及轴身,如图 1-29 所示。质量标准见表 1-27。

图 1-29 分体式制动盘

表 1-27 分体式制动盘检查质量标准

序号	质量标准
1	制动盘面裂纹距制动盘边缘<10 mm 时,裂纹长度需<65 mm;距制动盘边缘≥10 mm 时,裂纹长度需<95 mm;盘面磨耗不超过标准线
2	制动盘座、制动盘连接螺栓孔处无裂纹
3	制动盘半盘连接螺栓无松动,开口销无折断,磨耗不超过 1/4
4	轴身打痕、碰伤、磨伤及弹伤深度≤2 mm

注:制动盘面不得敲击。

③ 用手电依次照看检查内、外侧闸片托吊。质量标准见表 1-28。

表 1-28 闸片托吊检查质量标准

序号	质量标准
1	闸片托吊座无裂纹
2	闸片托吊圆销、垫圈齐全,开口销无折断,磨耗不超过 1/4;使用扁开口销时,剩余厚度不小于 1.5 mm

(2)前行至第一处轴身与摇枕之间,转身面向单元制动缸。采取手电照看,用检车锤敲击协助确认的方式进行检查。

① 用手电沿单元制动缸缸体依次照看检查至活塞杆与夹钳连接圆销处。质量标准见表 1-29。

表 1-29 单元制动缸等的检查质量标准

序号	质量标准
1	上、下定位销压板螺栓齐全无松动,防松铁丝无折断,定位销无窜出
2	组装螺栓、导向螺栓齐全无松动
3	波纹管无破损、脱出
4	呼吸孔安装紧固,防护片应自上而下包住呼吸孔
5	单元制动缸与夹钳连接圆销、垫圈无丢失,开口销无折断,磨耗不超过 1/4
6	夹钳杠杆吊轴端部螺母无松动,开口销无折断,磨耗不超过 1/4
7	单元制动缸体限位螺栓无松动(1 位单元制动缸)

② 用手电照看检查内、侧闸片托处。质量标准见表 1-30。

表 1-30 闸片托检查质量标准

序号	质量标准
1	夹钳不偏移,夹钳销、垫圈无丢失
2	闸片托吊销螺母紧固,开口销无折断,磨耗不超过 1/4
3	闸片锁铁圆销垫圈齐全,开口销无折断,磨耗不超过 1/4
4	闸片托不反位,闸片与制动盘两侧间隙之和应为 3~5 mm
5	闸片最薄部分剩余厚度应≥5 mm;闸片不得有距边缘<30 mm 的裂纹;裂纹距边缘≥30 mm 时,长度应≤30 mm;闸片掉块应<10×15 mm

③ 抬头用手电照看检查构架内侧面及下平面。

质量标准:构架内侧面及下平面无裂纹。

(3) 转身面向心盘,采取手电照看、检车锤敲击协助确认方式进行检查。

① 用手电照看心盘,心盘螺栓须用检车锤敲击确认,如图 1-30、图 1-31 所示。

质量标准:心盘螺栓无松动、折断,中心销无上窜。

图 1-30 心盘螺栓

图 1-31 心盘中心销

② 用手电照看金属软管的状态。质量标准见表 1-31。

表 1-31　金属软管检查质量标准

序号	质量标准
1	无破损，不得与任何部位抗磨
2	两端安装牢固
3	制动支管卡螺栓无松动、丢失

（4）前行至第二处车轴与摇枕间，面对心盘。采取用手电照看、用检车锤敲击协助确认的检查方式，步骤同（1）、（2）、（3），检查完毕后转身沿车辆主管前行，准备进行车辆中间底部地沟作业。

6. 车辆中部地沟检查

（1）在地沟内检查完转向架后，沿主管匀速缓慢行走，抬头仰望，采取用手电照看、用检车锤敲击听声音的方法进行检查，如图 1-32 所示。

图 1-32　车辆中间底部地沟检查

① 用手电照看检查制动（总风）各主支管，耳听有无漏泄声响。
质量标准：管卡螺栓紧固，无漏泄。
② 用手电照看检查车底板各部。
质量标准：车底板各部无孔洞、塌陷、变形，中梁、横梁及各辅助梁无变形。
（2）行进至车辆中部，采取用手电照看、用检车锤敲击听声音的方法进行检查。
① 用手电照看缓解阀。质量标准见表 1-32。

表 1-32　缓解阀检查质量标准

序号	质量标准
1	手把处于关闭位（水平）
2	拉杆无折断、弯曲变形
3	拉杆导筒与地板接触部无缝隙
4	拉链、U 形环、开口销无丢失、折断，开口销磨耗不超过 1/4

② 用手电照看截断塞门、远心集尘器，耳听有无漏泄声响。质量标准见表 1-33。

表 1-33　截断塞门等检查质量标准

序号	质量标准
1	手把销无丢失
2	手把处于开通位置，捆绑牢固
3	连接法兰无裂损
4	安装方向正确，截断塞门与集尘器不反装
5	集尘器体无裂损，安装角度正确，即垂直于轨面

③ 用手电照看、用检车锤敲击各风缸吊带内侧螺母。
质量标准：吊带螺栓紧固。
（3）继续沿主管匀速缓慢行走，抬头仰望，采取用手电照看、用检车锤敲击听声音的方法检查。
① 用手电照看制动（总风）各主管，耳听有无漏泄声响。
质量标准：管卡螺栓紧固；主管无漏泄。
② 用手电照看车底板各部。
质量标准：车底板各部无孔洞、塌陷、变形，中梁、横梁及各辅助梁无变形。
（4）行进至第二处转向架进行检查，步骤同"5.转向架地沟检查"。

五、旅客列车库检作业流程

（1）班组点名，传达作业要求和安全事项；
（2）了解"车统—181"交修的故障，准备工具和材料，到值班室申请班组作业防护牌，签字登记；
（3）在班组长带领下列队进入作业股道；
（4）插设安全防护；
（5）将列车试验器风源软管吹尘、排水后与列车制动软管连接，尾部检车员打开列车尾部折角塞门，进行全列车风管吹尘、排水后，安装试验压力表，充风、使全列车缓解；
（6）检车人员按区间分车，全员参加对号志后开始并行作业；
（7）先进行地沟上部的车辆两侧检查，作业中要求呼唤应答，然后两人同时进地沟进行检查，对检查过的关键部位和发现的故障，打好标记；
（8）修理人员按照标记处理故障，并由检车人员进行复验；
（9）全部检查人员参加列车制动机试验，包车检查试风情况；
（10）作业完毕后，撤除班组防护牌，列队回车间或转股道作业；
（11）全员参加完工碰头会，总结当班工作。

学习辅助材料三：客车 TVDS

客车故障轨边图像检测系统（Train Coach Machine Vision Detection System，简称

TVDS）是 5T 铁路车辆运行安全监控系统的组成部分，它的工作原理与货车 TFDS 相似，是利用轨边高速、高分辨率摄像头，检测运行客车走行部、转向架、制动部件、车端连接及车体下部悬吊件等部位的图像，利用计算机图像处理功能，将各部件图像拼接成一幅完整的列车走行部图像，然后实时传输至服务器或室内监测终端，终端客车检车员接收客车图像数据和过车信息，对图像进行分析，并预报故障。

TVDS 是解决高站台客列检检查作业盲区，缓解客整所地沟检修压力，解决现场检查人员配备不足的必备手段。图 1-33 所示为 TVDS 系统示意图。

图 1-33　TVDS 系统示意图

TVDS 系统由轨边探测设备、轨边机房设备、客列检值班室检测中心设备等组成。

轨边探测设备主要用来采集车辆的图像信息和车辆信息，是整个 TVDS 系统采集信息的基础。轨边探测设备设置地点距客列检、库列检所在地车站不低于 40 km。

轨边机房设备主要用来完成对列车图像信息以及车辆信息的采集和处理，并通过光纤传输至服务器存储。TVDS 轨边机房距离轨边探测设备应不超过 15 m。

客列检值班室检测中心设备主要用来显示探测站设备采集的客车部件图像并提供对检测故障信息和客列检常用报表的统计查询、打印。

图 1-34、图 1-35、图 1-36 所示为 TVDS 终端运用软件界面和检测图像。

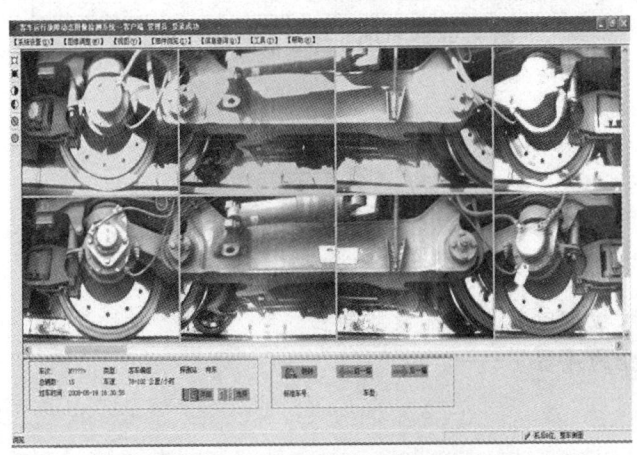

图 1-34　TVDS 终端运用软件界面

图 1-35　TVDS 采集的 25K 型客车 SW-160 转向架底部

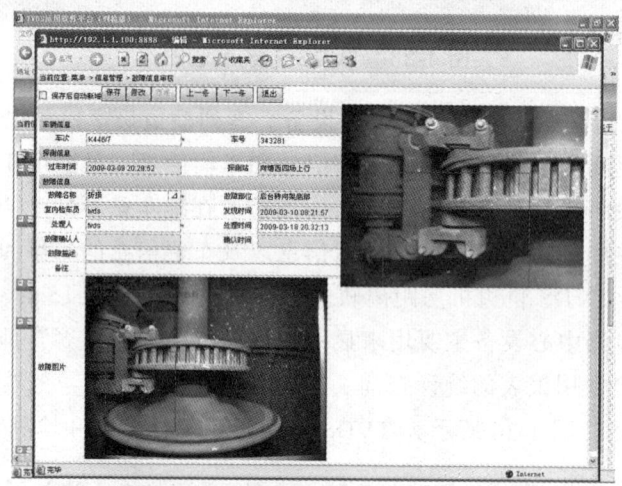

图 1-36　TVDS 终端故障确认界面

1. 进行单车技术检查时，如何插设防护？
2. 简述库检作业的流程。

任务四　旅客列车制动机试验

 学习任务描述

掌握旅客列车制动机试验的作用、实施场合、试验内容和要求，了解微机控制制动机试验系统的组成，熟记试风号志含义，明确摘挂机车时客列检的工作职责。

 教学实施建议

教师在复习制动系统组成和指导学生训练单车制动机试验的基础上，引导学生学习列车制动机全部试验和简略试验的方法，用角色扮演法模拟试风号志传递，采用软管和电气连接线配件模拟客列检在摘挂机车时的作业。

列车制动机试验的真实过程可通过视频或者现场观摩的方式进行学习。

一、列车制动机试验概述

1. 列车制动机试验的作用

列车制动机试验现场通称列车试风，其目的是确认列车制动系统的制动性能。列车制动机试验是客车运用维修工作中频繁进行的试验。

进行列车制动机试验可以测试列车空气制动系统和基础制动系统的连接、密封状态、性能，以便事先发现制动系统故障，及时处理，预防行车事故。

列车制动故障是目前干扰铁路运输秩序的惯性故障之一，列车试风是检验列车制动系统性能的重要试验，是保证行车安全的重要环节。

2. 列车制动机试验的实施场合

旅客列车制动机试验有全部试验、简略试验两种。目前客车技术整备所已基本安装了微机控制列车制动机试验系统，旅客列车经库列检之后，要进行列车制动机全部试验。

列车制动机简略试验用于确认列车制动软管连接状态和基础制动装置的性能。下列情况需要进行简略试验：

（1）更换机车或更换乘务组时；
（2）无客列检作业的始发列车发车前；
（3）列车风管有分离情况时；
（4）列车停留超过20分钟时；
（5）列车摘挂补机，或第一机车的自动制动机损坏而交由第二机车操纵时；
（6）电力、内燃机车改变司机操纵室时；
（7）客列检作业后，客运列车始发前。

3. 微控列车制动机试验系统组成

微机控制列车制动机试验系统包括值班室装置（微机、软件、无线接收器）、执行器装置、列车制动机试验监测装置及无线遥控装置，能完成空气制动的充风、漏泄、感度、安定、缓解等试验项目。

图 1-37 所示为微机控制客车列车制动机试验系统的软件界面，图 1-38 所示为列车制动机试验室外执行器。

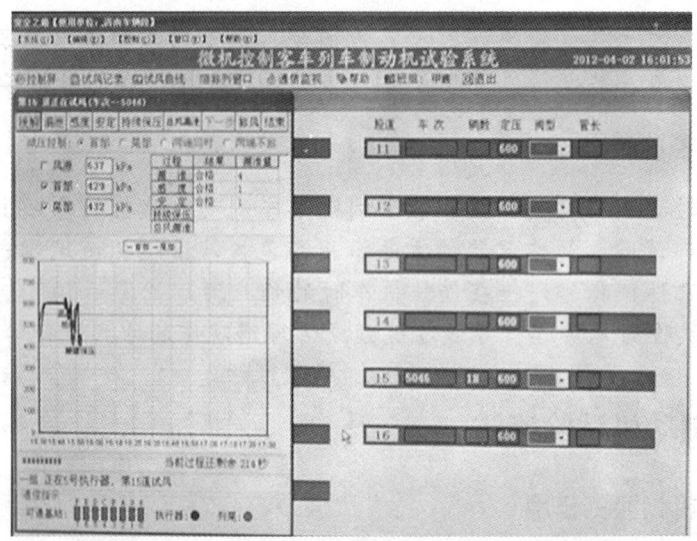

图 1-37 微机控制客车列车制动机试验系统界面

图 1-38 列车制动机试验室外执行器

4. 列车制动机试验的内容

（1）管路供风；

（2）列车泄漏试验；

（3）制动及缓解感度试验；

（4）制动安定试验；

（5）持续一定时间的保压试验。

5. 关门车

关门车是铁路行业的专业术语，是指关闭截断塞门的车辆。截断塞门是列车空气制动管路上一个重要阀门。该阀门打开，列车空气制动在本车辆上就起作用；该阀门被关闭，列车空气制动在本车辆就不起作用，但整个列车的空气制动仍然有作用。

空气制动系统作为列车安全运行的重要装置，铁路部门对编入列车中的关门车有位置与数量上的严格规定。旅客列车原则上不允许有关门车。

二、试风号志传递标准

1. 制动号志

昼间——将检查锤高举头上，夜间——白色灯光高举，如图 1-39（a）所示。

（a）

（b）

（c）

图 1-39　试风号志

2. 缓解号志

昼间——用检查锤在下部左右摇动，夜间——用白色灯光在下部左右摇动，如图 1-39（b）所示。

3. 试验完了号志

昼间——用检查锤作圆形转动，夜间——用白色灯光作圆形转动，如图 1-39（c）所示。

三、列车制动机全部试验方法

1. 交接班内容

（1）试风值班员交接班时，交班人员提前将设备擦拭干净，整理好环境卫生，认真填写交接班记录。

质量标准：接班人员应确认设备状态良好，向交班人员了解设备使用情况，交接设备记录情况及排水记录、试验记录。对跨班次的故障、反馈信息，接班人员须重新确认处理，做好记录。交接班人员必须本人在规定台账上签字，不准代签代填。

（2）设备出现故障时，试风值班员应及时通知车间联系设备维修部门。

质量标准：设备因故障停机时，试风值班员须如实填写《设备检修故障停机记录簿》，详细记录停机时间、原因及恢复时间。若一时无法尽快恢复，但需利用机车试风时，由车间联系段调度按规定办理。

（3）检查微控试风设备所配电脑、打印机等专用设备状态。

质量标准：严禁将任何与系统无关的软件装入计算机运行，做到专机专用，以防病毒感染，确保设备的运行正常。

（4）检查微控试风设备所配对讲机是否良好。

质量标准：微控试风设备所配对讲机属列车试风专用，严禁将其用于与试风作业无关的事情。

2. 准备工作

（1）微控设备每班首次使用前需进行一次本机机能自检试验。

机能试验内容：室内部分主要是主机运行情况、试风程序运行状态、打印机打印情况等，室外部分主要是试风执行器性能试验。对于打印试验数据，若合格则签字留存；若不合格则通知车间联系设备维修部门进行检修，直至合格方可使用。

（2）开启阀门，排除储风缸积水，排水完毕后及时关闭阀门。

质量标准：按规定详细填写排水记录（多次排水时实时记录排水时间）。

（3）试风值班员值班当中，时刻注意观察设备工作状态。

质量标准：发现控制设备的显示信息有异常时，应立即处理或报修，熟练掌握运用程序的数据分析操作和应急故障处理能力。

（4）试风值班员按照库检作业计划提前开启机器供风。

质量标准：设备风压调整符合规定。

3. 管路供风

库检作业人员将执行器与列车制动管和总风管连接，列车尾部车辆安装制动机试验监测仪，开启供风塞门，全列供风后开始检查作业，如图1-40、图1-41所示。

质量标准：连接风管和安装尾部车辆制动机试验监测仪前对试验系统、列车管路进行排水排尘，全列供风后方可进行检查作业。

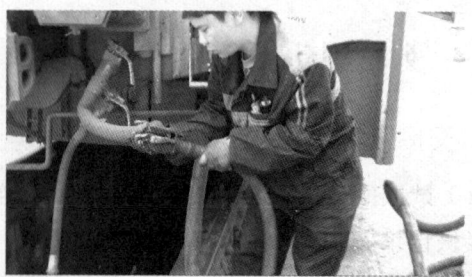

图1-40 连接执行器与列车制动软管和总风管

 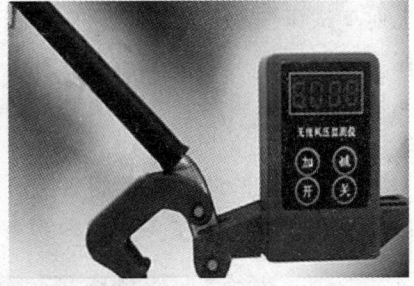

图 1-41 列车尾部车辆安装无线风压监测仪

4. 列车泄漏试验

列车检修作业完毕后,列车尾部检车员确认列车制动管尾部监测仪试验风表达到(600±5)kPa,并上车确认首、尾部车辆车上风表压力与试验风表压力差符合规定。列车尾部检车员向前逐个传递漏泄试验信号,列车首位检车员接到信号后,用对讲机通知试风值班员开始漏泄试验(标准用语:×股列车进行漏泄试验)。试风值班员收到列车首位检车员的通知后(标准用语:×股列车进行漏泄试验,试风员明白),首先确认微机显示器显示列车制动管风压 600 kPa,总风管风压 600 kPa 后,操作设备,开始漏泄试验。

质量标准:

(1)首、尾部车辆车上风表压力与试验风表压力差不得超过 20 kPa、列车总风表压力为(600±10)kPa。

(2)列车试风作业号志的传递应尽量采用手信号传递,特殊情况时可采取对讲机喊话辅助的方式进行,严禁无号志试风作业。

(3)保压一分钟,制动管及总风管压力漏泄不得超过 20 kPa(超过 10 kPa 时,试风值班员通知作业班组确认漏泄部位,漏泄处理后,作业班组通知试风值班员再次进行漏泄试验),漏泄试验符合要求后,试风值班员用对讲机通知班组(标准用语:×股列车漏泄试验合格)。

5. 制动及缓解感度试验

列车尾部检车员收到"×股列车漏泄试验合格"后,确认尾部试验风表达到 600 kPa,向前逐个传递制动信号,列车首位检车员接到制动信号后,用对讲机通知试风值班员开始制动试验(标准用语:×股列车进行制动感度试验)。试风值班员收到列车首位检车员的通知后(标准用语:×股列车进行制动感度试验,试风员明白),操作设备减压 50 kPa,检车员逐辆车(地沟作业时逐个单元缸)确认发生制动作用,并在一分钟内不得发生自然缓解。确认良好后,列车尾部检车员向前传递缓解信号,列车首位检车员接到缓解信号后,通知试风值班员缓解(标准用语:×股列车缓解)。试风值班员收到列车首位检车员的通知后(标准用语:×股列车缓解,试风员明白),操作设备缓解后,检车员逐辆车确认制动机(地沟作业时逐个单元缸)在一分钟内缓解完毕,如图 1-42 所示。

质量标准:

(1)对装用盘型制动装置及盘型、非盘型混编的列车,试风检查人员必须统一在地沟内进行跑闸检查。

（2）列车试风作业号志的传递应尽量采用手信号传递，特殊情况时可采取对讲机喊话辅助的方式进行，严禁无号志试风作业。

（3）制动感度试验时，车辆出闸后，检车员逐辆车（装用盘型制动装置的客车须逐个单元缸确认）确认发生制动作用，并在一分钟内不得发生自然缓解。

（4）缓解感度试验时，车辆缓解后，检车员逐辆车确认制动机（装用盘型制动装置的客车须逐个单元缸确认）在一分钟内缓解完毕。

图 1-42　室外检车员跑闸检查

6. 制动安定试验

尾部检车员确认试验风表达到 600 kPa 后，向前传递制动信号，列车首位检车员接到信号后，用对讲机通知试风值班员开始制动安定试验（标准用语：×股列车进行制动安定试验）。试风值班员收到列车首位检车员的通知后（标准用语：×股列车进行制动安定试验，试风员明白），操作设备减压 170 kPa。检车员与试风值班员各自确认全列制动机不得发生紧急制动作用。检查确认良好后，尾部检车员向前传递缓解信号，列车首位检车员接到信号后，通知试风员缓解（标准用语：×股列车缓解）。试风值班员收到列车首位检车员的通知后（标准用语：×股列车缓解，试风员明白），操作设备缓解，检车员逐辆车确认制动机（地沟作业时逐个单元缸）缓解状态。

质量标准：

（1）对装用盘型制动装置及盘型、非盘型混编的列车，试风检查人员必须统一在地沟内进行跑闸检查。

（2）列车试风作业号志的传递应尽量采用手信号传递，特殊情况时可采取对讲机喊话辅助的方式进行，严禁无号志试风作业。

（3）当操作设备减压 170 kPa 后，检车员与试风值班员各自确认全列制动机不得发生紧急制动作用。

（4）制动缓解指示器在制动机进行制动缓解试验时，显示要正确。

（5）检车员逐辆车确认制动缸活塞行程符合规定，各部制动杠杆、连杆及夹钳机构无抗架、抗托或不良现象。在制动保压状态下，列车制动主管压力每分钟漏泄不得超过 20 kPa（超过 10 kPa 时，试风值班员通知作业班组确认漏泄部位；漏泄处理后，作业班组通知试风员再次进行制动安定试验）。

7. 持续一定时间的保压试验

进行完制动机全部试验后，列车尾部检车员确认试验风表达到 600 kPa，向前传递制动信号，列车首位检车员接到信号后，通知试风值班员进行持续一定时间的保压试验（标准用语：×股列车进行持续保压试验）。试风值班员接到首位检车员的通知后（标准用语：×股列车进行持续保压试验，试风员明白），操作设备减压 170 kPa，并保压 5 分钟，检车员逐辆确认任一车辆 5 分钟内不得发生自然缓解。检查确认良好后，尾部检车员向前传递缓解信号，列车首位检车员接到信号后，通知试风员缓解（标准用语：×股列车缓解）。试风值班员收到列车首位检车员的通知后（标准用语：×股列车缓解，试风员明白），操作设备缓解，检车员逐辆车确认制动机（地沟作业时逐个单元缸）缓解状态。

质量标准：

（1）对装用盘型制动装置及盘型、非盘型混编的列车，试风检查人员必须统一在地沟内进行跑闸检查。

（2）列车试风作业号志的传递应尽量采用手信号传递，特殊情况时可采取对讲机喊话辅助的方式进行，严禁无号志试风作业。

（3）操作设备减压 170 kPa 后，保压 5 分钟，检车员逐辆确认任一车辆 5 分钟内不得发生自然缓解。

8. 试验结束

试验结束、传递贯通试风完了号志后，班组作业人员分别摘开执行器与列车制动管及总风管、尾部车辆制动机试验监测仪的连接，并为首尾车辆的制动软管、总风软管打防尘堵，并吊起。

质量标准：

（1）列车试风作业号志的传递应尽量采用手信号传递，特殊情况时可采取对讲机喊话辅助的方式进行，严禁无号志试风作业。

（2）执行器连接管及首尾车辆的制动软管、总风软管在摘解完毕后必须打防尘堵并吊起。

9. 存储数据

试验结束后，试风值班员检查微机数据储存情况是否良好，确认数据存储良好时，在试验记录簿上做好记录并签字。

质量标准：

车底试风检查合格后，试风值班员及时打印试验数据，工长、试风值班员分别在列车微控试风记录单上签字确认，留存备查。

四、列车制动机简略试验方法

1. 试验前插设防护信号

列车首尾端检车员在列车两端车辆外端部（特殊车辆除外）靠站台一侧插设防护信号。

质量标准：
（1）试验前必须确认制动管压力符合规定。
（2）作业号志必须顺序传递，严禁错传、漏传、隔位传接。
（3）尾部检车员确认列车最后一辆发生制动或缓解后，方可传递制动或缓解号志。

2. 进行简略试验

（1）列车尾部检车员检查尾部车辆压力表制动管压力达到（600±20）kPa（双管供风列车须检查尾部车辆总风管压力表压力在 550~620 kPa）后，显示制动号志，依次前传，前部检车员接到号志后，通知司机将自动制动阀手把置于常用制动位减压 170 kPa，由客列检检车员确认列车最后一辆发生制动作用后，依次向前显示缓解号志，前部检车员接到号志后，向司机显示缓解信号，尾部检车员及中部检车员确认车辆缓解作用良好后，由后向前依次传递试风完了号志，如图 1-43、图 1-44 所示。

图 1-43　客列检人员传递制动号志

图 1-44　客列检人员确认制动状况

（2）试验完成后，尾部检车员负责确认列车尾部折角塞门关闭和列车尾部风管的吊起，打好软管防尘堵，吊起防尘堵链。

3. 试验后撤除防护信号

试风完毕，对号志，撤除安全防护。

五、客列检连挂机车

工装设备：防位灯、反光带、检点锤、红旗、红灯、开口销、胶皮卷等常用材料。
作业步骤（机车与车辆的车钩连挂由机车乘务负责）：

1. 准备工作

（1）作业方法。
检查材料工具等，提前到达接车位置。
（2）作业要求。
红旗鲜明，红灯明亮，作用良好。
（3）安全事项。
不得侵入本线或临线机车车辆限界。机车与车底连挂前的情况如图1-45所示。

图1-45 机车（左）与车底（右）连挂前

2. 机车连挂后插设防护信号

（1）机车端检车员，监视机车与车辆的连挂和机车试拉，如图1-46所示。

图1-46 确认机车与第一辆车连挂良好

（2）机车连挂试拉良好后，列车首尾端检车员在列车两端车辆外端部（特殊车辆除外）靠站台一侧插设防护信号，白天红旗，夜间红灯，如图1-47所示。

图1-47　插设防护信号

3. 机车与第一辆车风管连接

作业方法：

（1）机车端检车员确认机车、车辆的车钩连挂状态后，对机车和车辆的制动软管、总风管吹尘排水，然后进行连接（有车端电气连接线的同时进行连接作业），如图1-48、图1-49所示。

图1-48　制动软管、总风管吹尘排水

图1-49　制动软管连接

（2）先开放机车折角塞门，后开放车辆折角塞门。
（3）负责与机车连挂端客车车钩提杆、车钩防跳装置及折角塞门的捆绑，如图1-50所示。

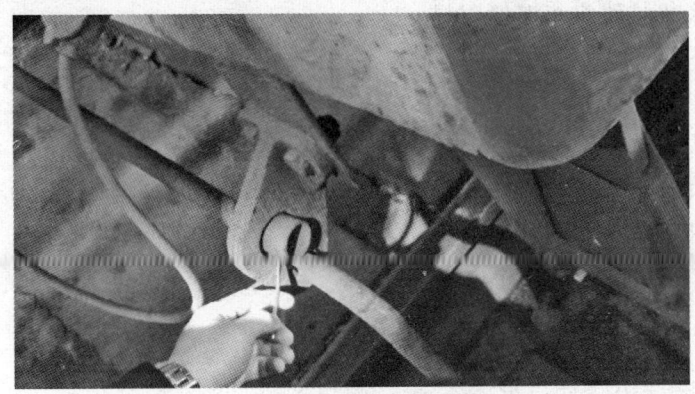

图1-50　安装车钩提杆开口销

注意：应先开放机车折角塞门，后开放车辆折角塞门；严禁在未办理机车断电手续交接的情况下进行电气连接作业。

4. 撤除防护信号（见图1-51）

图1-51　撤除防护信号

六、客列检摘解机车

工装设备：防位灯、反光带、检点锤、红旗、红灯、开口销、胶皮卷等常用材料。
作业步骤：

1. 准备工作

（1）作业方法。
检查材料工具等，提前到达接车位置。

（2）作业要求。

红旗鲜明，红灯明亮，作用良好。

（3）安全事项。

不得侵入本线或临线机车车辆限界。

2. 接　车

（1）作业方法。

按照客列检值班员下达的作业计划，安排首尾检车员2人提前五分钟到达作业位置。

（2）作业要求。

尾部检车员面向来车方向呈45°蹲式接车，做到目视、耳听、鼻闻，观察列车运行情况。

3. 列车停稳后插设防护信号

（1）作业方法。

列车停稳后，机车端检车员在机后第一辆车外端部（特殊车辆除外）靠站台一侧插设防护信号，白天用红旗，夜间用红灯。

（2）作业要求。

插设安全防护信号位置正确、牢固、颜色鲜明。

4. 摘解机车

（1）作业方法。

摘解电气连接线：先进行机车与第一辆车辆车端电气连接线的摘解。

摘解软管：摘解机车与车辆连接的制动软管和总风软管，并将机车制动软管及总风软管安放在机车软管卡座上。

摘解车钩：打下车钩防跳装置后提开车辆车钩，撤下安全防护信号，向司机显示前行信号。

（2）作业要求。

摘解电气连接线前，必须与机车乘务员办理相关交接手续，严禁在未办理机车断电手续交接的情况下进行摘解作业；摘解下的电力连接线必须按规定放置在空座内；集控线需妥善放置，防止接头部位损伤。

摘解软管时，必须先关闭车辆折角塞门，再关闭机车折角塞门。

前行信号显示规定：昼间——展开的绿色信号旗上下摇动，夜间——绿色灯光上下摇动。

5. 撤除防护信号

机车端检车员撤除防护信号后，通知司机机车摘解完毕。

思考题

1. 在哪些情况下需要进行列车制动机全部试验和简略试验?
2. 列车制动机全部试验包括哪些试验?
3. 列车制动机简略试验包括哪些试验?
4. 说明制动、缓解和试验结束的试风号志怎么做?
5. 连挂、摘解机车时,客列检人员负责什么作业?

任务五　客车运用故障维修

 学习任务描述

能够熟练使用轮对第四种检查器测量车轮踏面擦伤、剥离、局部凹入等故障,熟练使用轮径尺测量车轮直径并准确进行模拟配轮,熟练进行车钩三态作用试验和尺寸测量,能够在规定时间内完成更换闸瓦、更换制动软管操作。

 教学实施建议

教师组织学生以小组方式并行、互换完成以上各项技能训练。

一、第四种检查器使用、模拟配轮

1. 使用第四种检查器测量车轮踏面擦伤和局部凹入等

(1) 踏面擦伤及局部凹入深度:
① 本属出库≤0.5 mm;
② 外属出库≤1 mm;
③ 运行途中≤1.5 mm。
(2) 轮缘垂直磨耗高度≤15 mm。
(3) 踏面圆周磨耗深度≤8 mm。
(4) 踏面剥离长度:
① 1处:≤30 mm。
② 2处:≤20 mm。
(5) 车轮直径之差(轮径尺)
① 同一转向架:≤20 mm。
② 同一辆车:≤40 mm。

2. 模拟配轮

铁路客车在运用中经常会发生轮对故障，特别是铁路大提速后，加剧了客车轮对的踏面剥离、擦伤、圆周磨耗等损伤，使轮对故障更加突出。为了消除故障隐患，保证旅客列车行车安全，必须及时更换轮对。

选配和更换轮对是车辆技术作业人员必须掌握的基本技能。同时，轮对的选配（快速配轮），也是铁路职业技能鉴定、车辆系统技术比武、技能竞赛经常纳入考核的项目，要求选手在比赛中既要作业快速，又要判断准确。

下面介绍车辆技术人员在长期工作中独创的一种快速选择配轮范围的简便方法。

（1）快速配轮方法。

概括为：同转向架轮径 ± 20 mm，同车辆相对小轮径 + 40 mm，大轮径 − 40 mm，取中间两数值。

如图 1-52 所示，四条轮对按方位排列称为 1、2、3、4 位。1、2 位同属一转向架，3、4 位属另一转向架。如果一条轮对因故障需要更换时，所换轮对必须与另外三条轮对相匹配。

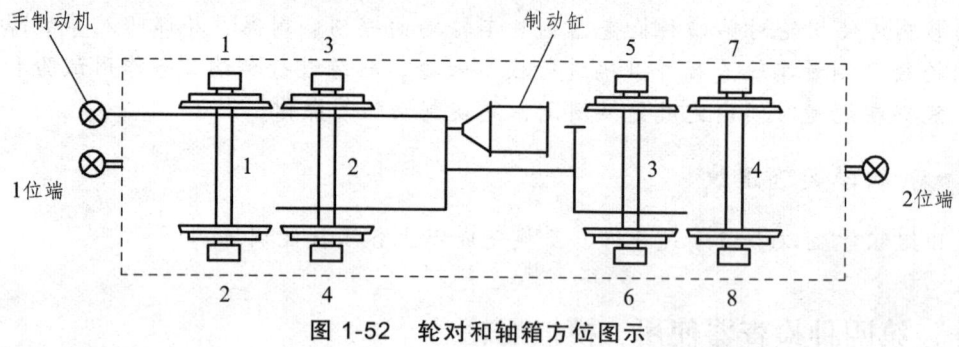

图 1-52 轮对和轴箱方位图示

将需要更换之轮对同一转向架上的另一条轮对轮径值（单位 mm，下同），分别加减 20（±20），轮径加 20 得出第一组数值，轮径减 20 得出第二组数值。将需更换轮对同一车辆而不同转向架的另两条轮对，相对较小的轮径值加 40 得出第三组数值，相对较大的轮径值减 40 得出第四组数值，四组数值由小到大排列，中间两数值包含的区间，即为所配轮对的选择尺寸范围。

（2）配轮方法图示。

图 1-53 中 A、B、C、D 分别表示通过简便方法计算得出、由小到大排列的四组基本数值，● 是轮对有效尺寸，835 表示轮径运用最小尺寸，915 表示轮对轮径原型标准尺寸。

把计算得出的四组数据，标注在数轴上，舍弃两端，取其中间值，可直观地表达出应保留的数值区间，B—C 区间即为所配轮对尺寸的选择范围。

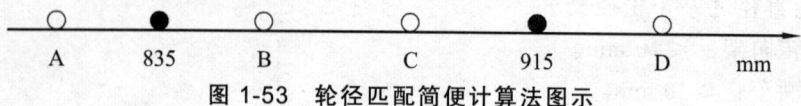

图 1-53 轮径匹配简便计算法图示

（3）配轮案例。

例：某 25B 型客车，三位轴因故障需更换轮对，测得其他轴位轮径分别是一位 870、二位 865、四位 873，试求三位轮对轮径的选配范围。

解：三位与一、二位轮对为同一车辆关系，与四位轮为同一转向架关系，套用选配简便方法得：同一车辆（大）870 − 40 = 830，（小）865 + 40 = 905；同一转向架 873 − 20 = 853，873 + 20 = 893；

舍两端 830、905，中间数值 853—893 区间为所配轮的选择范围，如图 1-54 所示。

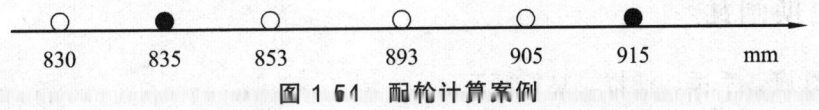

图 1-54　配轮计算案例

说明：之所以舍弃 905 轮径，是因为选择此数值将使同一车辆轮径差达到运用的极限，从安全和使用效率角度讲，不可取。

二、车钩三态作用检查和尺寸测量

1. 车钩三态作用检查

车钩三态为开锁位置、全开位置、闭锁位置，如图 1-55 所示。

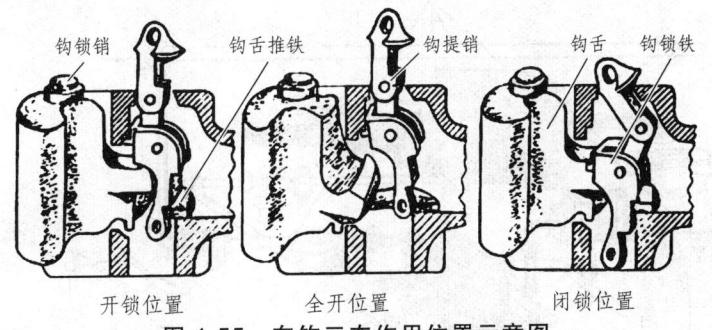

图 1-55　车钩三态作用位置示意图

（1）开锁位置检查。

扳动钩提杆，提起上锁钩杆，此时钩舌受牵引力即可自由转动，呈开锁位置。推动钩舌无法闭锁，则为开锁良好。

（2）全开位置检查。

如果继续扳转钩提杆至极限位置，则钩舌推铁绕其转轴水平转动，其另一端踢拨钩舌尾部，使钩舌转开至全开位置，为全开良好。

（3）闭锁位置检查。

推动钩舌到底，此时钩锁铁处于最低位置，钩锁铁的另一侧受钩腔内阻挡，呈锁闭位置。转动钩舌，钩舌被锁住不得转动，则为闭锁良好。

2. 车钩尺寸测量

（1）钩舌与钩腕内侧面距离：

① 闭锁位置时不大于 135 mm。

② 全开位置时不大于 250 mm。
（2）钩舌销与钩耳孔或钩舌销孔间隙 7 mm。
（3）钩提杆与提杆座凹槽间隙 3 mm。
（4）车钩中心高度（空气弹簧充气状态）：
① 最高 890 mm。
② 最低 830 mm。

三、更换闸瓦

工具：红旗、手锤、撬棍、良好闸瓦。
操作步骤：
（1）插设安全防护。
（2）关闭截断塞门，排除工作风缸内余风。
① 截断塞门（见图 1-56 中序号 4）手把关闭到位。
② 工作风缸（见图 1-56 中序号 8）内压力空气须排净。

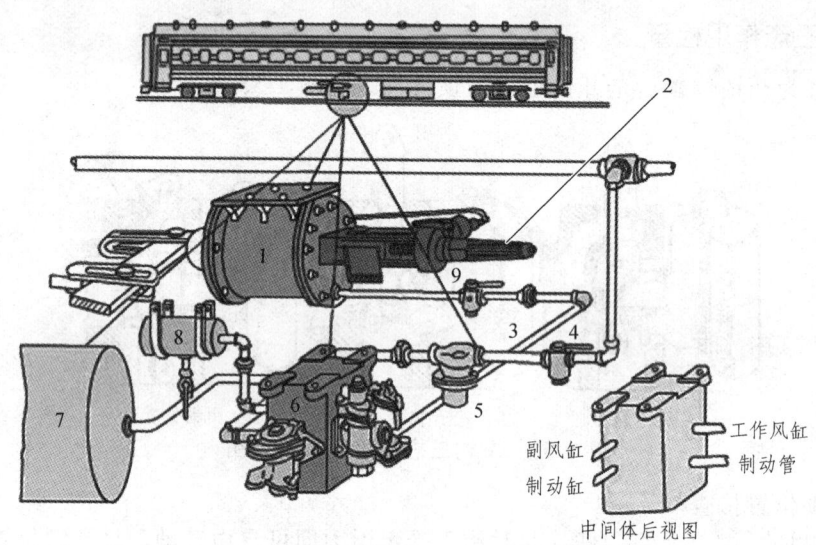

图 1-56　104 型空气制动机组成
1—制动缸；2—闸调器；3—制动管；4—截断塞门；5—远心集尘器；
6—104 型分配阀；7—副风缸；8—工作风缸；9—制动排气塞门

（3）调整闸调器，取下不良闸瓦。
① 顺时针转动闸调器体，使闸瓦离开车轮踏面。
② 用锤、撬棍取出闸瓦插销，取下不良闸瓦。
③ 取下闸瓦时，防止闸瓦脱落伤手。
注：若闸瓦厚度低于 10 mm、同一制动梁两端闸瓦厚度之差超过 20 mm，则闸瓦断裂时需要更换。
（4）安装良好闸瓦，恢复闸调器。
① 检查闸瓦无折断、裂损及磨耗不过限。
② 同一制动梁两侧闸瓦厚度差不得超过 20 mm。

③ 安装良好闸瓦时要拿稳，防止脱落伤手。
④ 安装闸瓦时严禁将手指放在闸瓦与车轮踏面之间。
⑤ 闸瓦插销不得窜皮，应插设到位。
⑥ 敞车应安装闸瓦插销环。
⑦ 闸瓦安装完毕后恢复闸调器。
（5）开启截断塞门。
将截断塞门手把调整至开通位置，截断塞门开通须到位。
（6）做好记录，撤除安全防护。

四、更换制动软管

工具：红旗、管钳、软管、生料带（或铅粉油）等。
操作步骤：
（1）插设安全防护。
（2）关闭折角塞门，要求：关闭到位。
注：车底队内操作时，关闭相邻两车的折角塞门。
（3）卸下不良软管。
① 摘解两连接的软管，摘解时手要抓紧软管，防止软管内余风伤人。
② 利用管钳卸下故障软管，卸软管时管钳要卡住，均匀用力，防止伤人。
（4）安装良好软管、连接软管、开放折角塞门。
① 检查软管，确认检修标记清晰、不过期。
② 在良好软管丝扣连接处须涂铅粉油或缠生料带，安装软管时，管钳要卡住，均匀用力，防止脱落伤人，软管安装不得松动，软管连接器角度正确。
③ 检查连接器密封垫圈，应齐全，作用良好，并不得反装。
④ 连接两软管，软管连接应牢固，并用检查锤进行检查，连接器的连接平面须与轨面垂直，无漏泄、不扭劲。
⑤ 先开放靠近风源一侧车辆的折角塞门，确认无漏泄后，再开放另一侧折角塞门。开放折角塞门时，须轻缓，以防引起紧急制动。
（5）车底或列车制动机试验。
① 更换完软管并开放折角塞门后，须进行全列车制动试验（车底或列车已进行全部试验且结果为良好的，可仅进行简略试验），确认全列通风保压良好。
② 严禁通过关闭某辆车的折角塞门进行分段试风作业。
（6）做好记录，撤除安全防护。

1. 画图说明配轮的简便计算方法。
2. 更换闸瓦时，为什么要关门、排风？
3. 更换制动软管要注意哪些安全问题？

任务六　客车电气装置检修

 学习任务描述

理解 DC 600 V 客车供电系统基本原理，能够两人协作完成电力 KC20A 型电力连接器插头的分解和组装、库检单车车体绝缘测试，会独立使用数字万用表测量客车电气系统常用的电器元件。

 教学实施建议

教师组织学生以小组方式并行、互换完成以上各项技能训练。

一、DC 600 V 客车供电系统原理

目前，在电气化区段，列车供电系统由装在机车内的客车供电装置将接触网、受电弓送来的 25 kV 单相交流电降压整流，滤波成 600 V 直流电压，提供 DC 600 V 用电等级的列车供电母线。各空调客车通过配电柜供电选择开关将其中一路 600 V 直流送入空调逆变电源装置（简称逆变器）及直流 110 V 电源装置（简称充电器），分别向空调、电开水炉、冰箱等三相交流电器负载、电视机等单相 220 V 插座供电，并在给蓄电池充电的同时向照明、供电控制等直流负载供电，如图 1-57 所示。

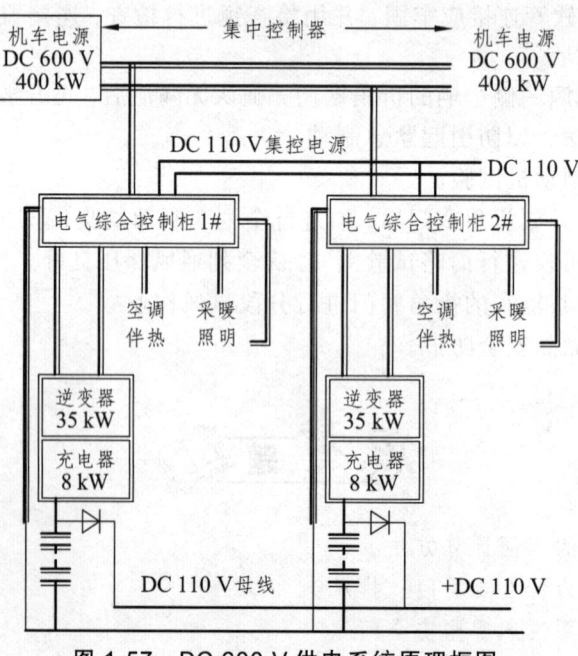

图 1-57　DC 600 V 供电系统原理框图

二、KC20A 型电力连接器插头分解和组装

KC20（KC20、KC20A、KC20D）系列电力连接器是经中国铁路总公司鉴定并批准采用的、具有国内先进水平的新型大容量铁路电力连接器，主要用于铁路空调客车三相动力电源的传送。其具有接触电阻极小、承载电流大、温升低、寿命长、操作方便省力和良好的防水性能等优点。

KC20A 型电力连接器是 KC20 型电力连接器的换代产品，而 KC20D 型电力连接器是为适应从机车向客车直流供电（DC600 V）而设计的。

KC20A 型电力连接器的分解和组装操作步骤为：

准备：穿戴劳保用品。

（1）清扫插头外部，外观检查。

检查配件：密封胶条、橡胶波纹管套、喉箍、被套、坚固件，如图 1-58 所示。

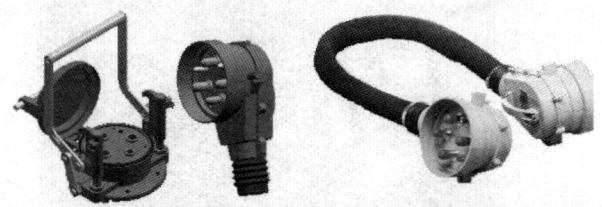

图 1-58 KC20A 电力连接器座和插头

（2）打开插头盖，按工艺要求进行分解。
① 用力矩扳手分别卸下 U、V、W、N 线的螺母、平垫、弹簧垫。
② 检查各线、接头，如有烧损则更换、压接。
③ 检查各杆销，如有质量不符合要求则更换。
④ 卸下喉箍。

（3）组装和检查。
① 按分解相反顺序组装。
② 检查各零件是否齐全。
③ 检查各端子螺母是否旋紧，并涂打防松标记红油漆。
④ 测试相序、绝缘。
⑤ 检查螺钉是否拧紧。
⑥ 操作过程中损坏配件要更换。

（4）作业完毕清理场地。

三、DC 600 V 客车库检绝缘测试

电工工具：110 V/15 W 绝缘测试灯泡、湿度表、1 000 V 级兆欧表、手电筒。

1. 车列车体干线日常绝缘检测

（1）测试前检查确认，各车电力连接线连接状态良好，无漏接、连接不良。

（2）测试前检查确认，各车厢供电开关已经断开，车列 DC 600 V 车体干线已经断电，处于无电状态。

（3）使用 1 000 V 级兆欧表，在车列端部 DC 600 V 电力连接器处，分别检测 Ⅰ、Ⅱ 路干线正线对负线、正线对地、负线对地绝缘，如图 1-59、图 1-60 所示。

图 1-59　电力连接器座在车端的位置

图 1-60　车体绝缘测试

（4）各车厢 DC 110 V 用电器和车体 DC 110 V 母线供电，使用 110 V 15 W 绝缘测试灯泡检测。分别在车列端部 Ⅰ 路、Ⅱ 路 DC 110 V 电力连接器处，首先将绝缘测试灯泡两极分别接通 DC 110 V 连接器正极、负极，绝缘测试灯泡应正常点亮，以确认客车 DC 110 V 供电正常和绝缘测试灯泡性能良好，然后分别检测 DC 110 V 电力干线正线对地、负线对地绝缘。

质量标准：

（1）车体 DC 600 V 电力干线绝缘阻值最低限度值按表 1-34 规定。

（2）用 110 V 15 W 灯泡检测绝缘时，正负极对地绝缘以灯泡钨丝不红为准。

表 1-34　电力干线绝缘阻值最低限度值表

额定电压	兆欧表等级	相对湿度		
		<60%	60%～85%	>85%
DC 600 V 供电	1 000 V	运用列车		
		线间：2 线地间：1	线间：2～0.6 线地间：1～0.3	线间：0.6 线地间：0.3
		段（A2、A3）修、运用单车		
		线间：4 线地间：2	线间：4～1 线地间：2～0.5	线间：1 线地间：0.5

注：相对湿度 60%～85% 时，按线性内插法计算最低阻值。例如，相对湿度为 70%，AC 380 V 供电运用列车线间绝缘电阻值要求应按下式计算：(85%－70%)×(2－0.38)/(85%－60%)+0.38 = 1.352 兆欧；即相对湿度为 70%，AC 380 V 供电运用列车线间绝缘电阻值应不低于 1.352 兆欧。

2. 单车编挂绝缘测试检查

（1）断开车厢 DC 600 V 供电开关，确认本车 DC 600 V 干线处于无电状态，使用 1 000 V 级兆欧表，在车端 DC 600 V 电力连接器处，分别检测 Ⅰ、Ⅱ 路干线正线对负线、正线对地、负线对地绝缘。

（2）结合 DC 110 V 蓄电池检查整修，断开 DC 110 V 车体干线与 DC 110 V 用电器、蓄电池连接，使用 500 V 级兆欧表，在车端 DC 110 V 电力连接器处，分别检测 Ⅰ 路、Ⅱ 路 DC 110 V 电力干线正线对负线、正线对地、负线对地绝缘。

（3）车厢 DC 110 V 用电器和车体 DC 110 V 母线供电，使用 110 V 15 W 绝缘测试灯泡，分别在车端 Ⅰ 路、Ⅱ 路 DC 110 V 电力连接器处，首先将绝缘测试灯泡两极分别接通 DC 110 V 连接器正极、负极，绝缘测试灯泡应正常点亮，以确认客车 DC 110 V 供电正常，然后分别检测 DC 110 V 电力干线正线对地、负线对地绝缘。

（4）具有临车互备功能的，使用 500 V 级兆欧表，分别在客车两端 Ⅰ 路、Ⅱ 路 AC 380 V 电力连接器处，检测 Ⅰ 路、Ⅱ 路 U、V、W、N 三相四线线间及线对地绝缘。

（5）在车厢不送电状态下，使用 500 V 级兆欧表，在控制柜处，检测通风机、新风机、废排风机、排气扇绕组及配线对地（车体）绝缘，暑期检测压缩机、冷凝风机绕组及配线对地绝缘，采暖期检测空气预热器、客室电加热器、电伴热装置电热元件及配线对地绝缘（注：电热元件采用 DC 600 V 电源供电时，须使用 1 000 V 级兆欧表检测电热元件对地绝缘）。

（6）单车编挂入编组后，按上一测试要求（1.车列车体干线日常绝缘检测），重新检查确认车列车体干线绝缘。

质量标准：

（1）压缩机、通风机、冷凝风机、新风机、废排风机、排气扇绕组及配线绝缘电阻值须大于 5 MΩ。

（2）空气预热器、客室电加热器、电伴热装置电热元件及配线绝缘电阻值须大于 20 MΩ。

（3）使用 500 V 级兆欧表检测，DC 110 V 车体配线正负线间以及正负线对地绝缘要求，见表 1-35。

表 1-35　DC 110 V 车体绝缘电阻值

相对湿度	绝缘电阻值
小于 60%	≥2 兆欧
60%～85%	2～0.38 兆欧
大于 85%	≥0.38 兆欧

注：相对湿度 60%～85% 之间时，采用线性差值法计算绝缘电阻值。

3. 电气设备定期绝缘测试检查

（1）进入暑期前，结合春季客车整修，按照单车绝缘检查要求，全面检测各车 DC 600 V、DC 110 V、AC 380 V 电力干线，压缩机，冷凝风机，通风机，新风机，废排风机，排气扇，DC 110 V 用电器及配线绝缘。

（2）进入采暖期前，结合秋季客车整修和客车防寒整修，按照单车绝缘检查要求，全面检测各车 DC 600 V、DC 110 V、AC 380 V 电力干线，通风机，新风机，废排风机，排气扇，空气预热器，客室电加热，电伴热装置，DC 110 V 用电器及配线。

（3）每季度，断开车体 DC 110 V 电力干线与各车蓄电池、DC 110 V 用电器连接，使用 500 V 兆欧表，在车列端部 DC 110 V 电力连接器处，分别检测Ⅰ路、Ⅱ路 DC 110 V 电力干线正线对负线、正线对地、负线对地绝缘一次。

（4）每季度，在车列 DC 600 V 不供电状态下，断开临车互备客车各车间 AC 380 V 电力连接器连接，分别在客车两端Ⅰ路、Ⅱ路 AC 380 V 电力连接器处，检测Ⅰ路、Ⅱ路 U、V、W、N 三相四线线间及线对地绝缘一次。

（5）每月按照绝缘测试要求进行定期绝缘检测一次。

四、数字万用表的使用和测量

工具：数字万用表（见图 1-61）、电阻、通电交流和直流电路、二极管、三极管、红旗、红灯。

图 1-61 数字万用表

操作步骤：

（1）设置安全防护。

（2）使用数字万用表按要求完成以下数据测量：

① 测量指定直流电路电压，正确读数。

② 测量指定交流电路电压，正确读数。

③ 测量指定交流电路电流，正确读数。

④ 测量电阻值，正确读数。

⑤ 鉴别二极管的好坏，判断二极管的极性。

⑥ 鉴别三极管的好坏，判断三极管的类型。

（3）撤除防护，清理测量场地。

学习辅助材料四：客车 TCDS

铁路客车运行监控系统（Train Coach Running Diagnosis System，TCDS）是铁路地对车安全监控体系（5T 系统）的组成部分。TCDS 对旅客列车运行中的供电、车下电源、空调、轴温报警器、防滑器、制动系统、转向架动力学性能、车门、烟火报警、轮对状态等影响安全的因素进行实时监测诊断，并将监控信息通过车载无线通信装置向地面传输、汇总，形成实时的客车运行安全监控网络，使各级车辆管理部门及时掌控客车运行及安全情况，同时为客车的维修提供故障分析和管理建议。

TCDS 于 2004 年底在 25 型客车上推广、安装使用，它包括四个子系统：车载信息无线传输装置、客列检 WLAN 联网设备、数据转发工控机和地面服务器。其中，车载无线传输装置主要包括 KAX-1 车载监控系统、GPS 装置、GPRS 通讯设备、WLAN 天线等。KAX-1 车载监控系统的主要功能是通过监测单元获取监测部位的信息，由 CPU 对信息进行处理和存储；GPS 实现对列车位置的定位，GPRS 装置对实时监控数据进行传输。车载无线传输装置采用车辆级、列车级两级 Lonworks 网络将各个车厢监测点的信息传输到列车主机。

TCDS 在实时监控客车运行技术状态、提升铁路运输安全防范能力方面发挥着重要作用。

1. 旅客列车 DC 600 V 供电方式与 AC 380 V 供电方式有什么不同？
2. 简述库检车列车体绝缘测试的方法。

模块二　货车运用维修

任务一　货车运用维修体系认知

 学习任务描述

比较货车与客车在配属、维修修程、运行要求、维修标准等方面的异同，学习货车运用维修的组织体系、主要作业内容、作业方式、作业场地布置、班组人员配置和安全防范系统等基本知识。

 教学实施建议

教师首先布置本单元的学习目标，然后引导学生和组织学生自学、讨论和总结货车运用维修体系的相关基本知识，掌握货车运用维修的特点、安全防护、检测手段和故障处理要求。

一、货车运用工作的重要性

1. 运用工作的重要性

铁路货车是铁路运输的重要装备。铁路货车运用维修（简称货车运用）工作是铁路运输的重要组成部分，是确保铁路运输安全和畅通的重要环节。本着"高标准、讲科学、不懈怠"的要求，做好货车运用工作，是保证铁路行车安全，满足提速和重载需要，完成铁路运输任务的基础保障。

2. 运用工作的指导思想

牢固树立"安全第一、预防为主"的思想，主动发现和及时处理铁路货车故障，积极应用先进的检查、检测和修理技术，不断加强安全基础建设，提高人员素质。

3. 运用工作的技术标准

原铁道部最新印发的铁运〔2010〕141号《铁路货车运用维修规程》（简称《货车运规》），自2011年1月1日起实施，技术规章编号为TG/CL113—2010，如图2-1所示。

在中华人民共和国境内的铁路货车运用工作，包括国家铁路、地方铁路、合资铁路、专用铁路、企业专用线和工程临管线等，均执行该规程。

图 2-1 货车运规

二、货车运用工作的管理组织

1. 货车运用维修的特点

我国铁路货车运用工作由中国铁路总公司（以下简称总公司）集中统一领导，统一管理，统一技术标准要求，并执行总公司的统一技术政策。货车原则上实行无固定配属管理，全国运行，安全实行区段负责制，质量实行追溯负责制。

2. 三级管理体系

货车运用工作实行总公司、铁路局、车辆段三级管理。铁路局、车辆段必须树立全局观念，按照"逐级负责"的要求，确保铁路货车"用、管、修"的协调一致。货车运用车间是车辆段的主要生产车间，管辖一个或几个货车运用作业场，并负责铁路货车安全防范系统探测站运用管理工作。

三、货车运用工作的主要内容和作业场

1. 运用工作主要内容

（1）负责货物列车技术检查和列车制动机试验，按规定发现铁路货车故障，并按要求彻底处理；
（2）负责定检到（过）期车、技术状态不良车及事故车的扣送工作；
（3）负责铁路货车安全防范系统的日常运用和日常管理；
（4）负责爱护铁路货车工作，制止损坏铁路货车的行为；
（5）参加相关的铁路交通事故的调查和事故救援；
（6）负责特种运输列车的技术检查，等等。

2. 货车运用作业场

货车运用作业场有以下几种：

（1）列车技术检查修理作业场（简称列检作业场）；

（2）装卸检修作业场；

（3）技术交接作业场；

（4）国境站技术交接作业场；

（5）整备作业场；

（6）站修作业场。

其中以列检作业场为货车运用工作的核心作业场，如图2-2所示。

图 2-2　列检作业场

四、列检作业场

1. 列检作业场的分类和设置

列检作业场分为：特级列检作业场、一级列检作业场、二级列检作业场。

列检作业场的设置首先要满足上述安全保证距离，在此基础上，按以下要求设置：

（1）特级列检作业场设置在路网性和区域性编组站的车场；

（2）一级列检作业场设置在列车编组作业量较大或大量装卸货物的其他编组站、区段站的车场，以及停车技术作业中转较多的区段站、中间站；

（3）二级列检作业场设置在利用 TFDS 进行通过作业，且列车编组、摘挂作业量较小的区段站、中间站。

2. 列检作业场的列车技术作业内容

（1）列车技术检查（利用停站时间对货物列车实施的技术检查和故障修理）；

（2）微机控制列车制动机性能试验（简称列车制动机试验）；

（3）铁路货车故障处置和修理（简称铁路货车故障处理）。

3. 列车技术检查作业方式

列检方式分为：动态检查、人工检查、人机分工检查。

（1）动态检查作业方式是动态检车员利用铁路货车安全防范系统（5T）进行的列车不停车技术检查，负责范围是 5T 检查检测铁路货车配件时的可探测、可视部位。

（2）人工检查作业方式是现场检车员在作业线路上进行的列车停车技术检查，负责范围是现场检车员按规定的检查范围、质量标准、作业过程和位置检查铁路货车配件的可视部位。

（3）人机分工检查作业方式是以动态检查为主，人工检查为辅的列车技术检查，人工检查是对动态检查范围的补充。

4. 摘车修和不摘车修

（1）摘车修：把有故障的车辆从列车中摘下，送到专用修车线或站修作业场内施修，称为摘车修。

（2）不摘车修：在列车到达后、始发前进行技术检查时，对发现的车辆故障，能在停车线上利用站停时间修复的，称为不摘车修。

优缺点：

实行摘车修可以充分利用固定台位和机械化修车设备，按技术标准修复车辆，消除故障，保证质量；但会增加调车作业的工作量和车辆停留时间，对运输效率有所影响。在列车内无法修复的故障必须施行摘车修。

实行不摘修能够较快地消除危及行车安全的故障，可加速车辆周转，提高运输效率。

处理原则：凡是在列车中能处理的故障，尽量在列车内修复；在列车内修复较困难，不能保证质量或会影响正点编发时，应采用摘车修理。

5. 列检作业的安全保证距离

原则上，停车技术作业安全保证距离在 500 km 左右，TFDS 动态检查作业安全保证距离在 300 km 左右。

6. 列检作业场的主要设备设施

（1）作业线路间地面要硬化，并有灯桥（灯塔）照明设施；

（2）配备铁路货车安全防范系统；

（3）微机控制制动机地面试验和监测装置，如图 2-3 所示。

图 2-3　制动机试验执行器

（4）集控联锁安全防护脱轨器装置，如图2-4、图2-5、图2-6所示；

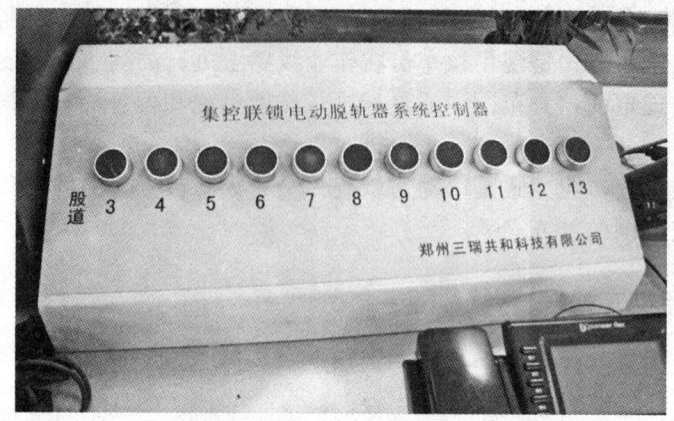

图2-4　电动脱轨器系统控制器

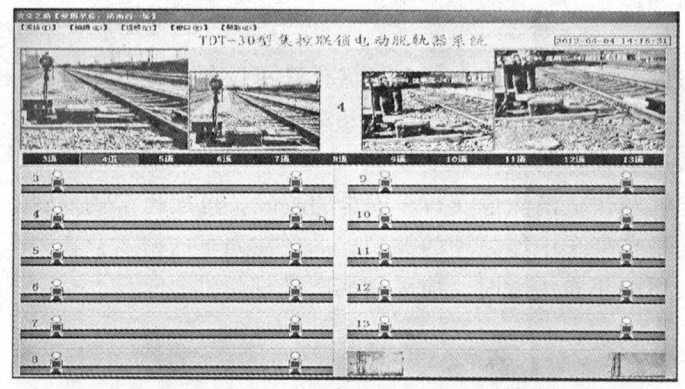

图2-5　TDT-30型集控联锁电动脱轨器系统软件界面

图2-6　电动脱轨器

（5）列检作业信息发布采集装置；
（6）铁路货车故障修理机具；
（7）作业线路工具材料分存箱；
（8）铁路货车技术管理信息系统（HMIS）运用子系统的列车技术作业管理平台。

7. 列车技术作业的分类

列车技术作业按性质不同分为：到达作业、始发作业、中转作业、通过作业。

（1）到达作业：列检作业场在车站对到达列车进行的列车技术作业。

（2）始发作业：列检作业场在车站对始发列车进行的列车技术作业。

（3）中转作业：列检作业场在车站对停车中转列车进行的列车技术作业，中转列车分为有调中转列车和无调中转列车。

① 有调中转列车：在该车站进行部分改编作业的列车。

② 无调中转列车：在该车站不进行改编作业的列车。

（4）通过作业：列检作业场对不停车中转列车或在本站只进行更换机车乘务员、换挂机车的无调中转列车，利用TFDS等货车安全防范系统进行的列车技术作业。

8. 列检作业场的班组配备

列检作业场按照"以列定组、以辆定人"的原则，配齐作业组数、作业人员。

（1）列检作业场按照生产组织要求，采用四班制轮班方式，班级的名称为一班、二班、三班、四班。工作量较少的列检作业场可采用三班制。

（2）每班设工长1名，列检值班检车员（简称列检值班员）1名。

（3）列检作业场的作业班组可分为动态检车组、现场检车组、故障专修组。

（4）TFDS动态检车员根据检查区域分为转向架底部、转向架侧架部、车钩缓冲部和车底部等工位。

因此，列检作业场一线生产岗位有：动态检车员、现场检车员、列检值班员（列检值班检车员）、列检工长。图2-7所示为列检值班员在工作。

图 2-7 列检值班员（右）在工作

9. 列检的检查范围和质量标准分类

（1）全面检全面修；

（2）重点检重点修。

在进入干线入口前的第一个列检作业场按照"全面检全面修"的检查范围和质量标准进行停车技术作业，确保铁路货车进入干线后的安全运行。

10. 技检时间

技检时间是指完成列车技术作业的时间，以脱轨器装置上轨时分为开始时分，下轨时分为结束时分。计算技检时间不包括摘、挂机车时间。

技检时间是列检作业场完成列车技术作业的时间，应保证技检时间满足列车技术作业的需要。具体规定如下：

（1）特级列检作业场的到达作业与始发作业技检时间原则上合计为 1 h，到达作业为 35 min，始发作业为 25 min。无调中转作业为 35 min，有调中转作业为 40 min。

（2）一级、二级列检作业场的到达作业与始发作业技检时间原则上合计为 1 h，到达作业为 35 min，始发作业为 25 min。无调中转作业为 25 min，有调中转作业为 30 min。

（3）无列检作业场的车站始发列车，途经第一个列检作业场时的无调中转作业技检时间为 35 min，有调中转作业技检时间为 40 min。

（4）行包快运专列专用车辆的无调中转作业技检时间为 15 min，有调中转作业为 25 min，整备作业时间不少于 4 h。

（5）TFDS 动态检查时间原则上按 10 min（50 辆/列）的标准掌握。

11. 列检扣车

列检作业场对列车技术作业中发现需要摘车的技术状态不良车（含铁路交通事故和铁路行车设备故障造成的破损铁路货车）、定检到（过）期车，必须扣送至具备相应检修资质和能力的站修作业场、车辆段或车辆工厂施修。

学习辅助材料五：爱车工作

1. 爱护车辆的重要性

爱车工作是铁路货车"用、管、修"工作的重要组成部分，是为运输提供良好工具、圆满完成运输生产任务、保护国家财产不受损失的重要基础，是铁路各部门协调厂矿企业，充分发挥地方政府职能，全社会共同参与的一项重要工作。

2. 爱车组织

铁路局须成立由主管运输的局领导牵头，运输处、货运处、车辆处、调度所、总工程师室、安全监察室、公安局等相关部门组成的爱车工作领导和协调小组，负责铁路局的爱车工作组织和部署。铁路局车辆处负责日常具体爱车工作。

3. 爱车制度

每年 9 月第 1 周规定为"全国爱车周"，铁路局应根据开展"全国爱车周"的有关要求，制定"全国爱车周"活动方案。

铁路局要对爱车人员颁发"爱车检查证"，爱车人员凭"爱车检查证"对违反铁路货车使用规定、违章操作损坏铁路货车或装载货物影响行车安全的行为有制止权。

学习辅助材料六：车列、车底和列车的概念

车列：按照列车性质和编组计划的要求编成并且连挂在一起的若干车辆，称为车列，通常指货车。货车依据列车运行图进行编组，同时考虑站顺、货物性质或前方编组站要求等因素。

车底：为完成运送旅客和行李的任务，将不同类型的客车按相对固定的数量和编挂位置连挂在一起，称为车底。

列车：编组而成的车列或车底，挂有机车和规定的列车标志（头灯和尾灯），称为列车，列车是铁路运输的主要形式。

1. 货车运用工作的主要内容是什么？
2. 列检作业场分为哪几类？
3. 列检作业场的列车技术作业内容是什么？
4. 解释下列术语：
（1）摘车修；（2）技检时间；（3）动态检车；（4）列检安全保证距离
5. 简述或用图示说明列检作业场的班组配备。

任务二　货车单车技术检查

 学习任务描述

以装有转 K6 型转向架的 C70 货车为载体，学习货车单车技术检查的流程、方法和步骤，掌握货车单车技术检查的重点部位和常见故障。

 教学实施建议

教师从货物列车的运行特点入手，分析货车易出现故障的部位，引导学生按照规范两人协作训练单车技术检查，重点掌握操作流程、安全防护和故障易发部位的检查要领。可在现车上设置故障，各个学习小组推选一名同学进行技术表演和比试。

货车单车技术检查是铁路货车运用部门一线岗位人员的一项基本功，是从事货车检车、修车工作的职业准入资格证，同时也是每年组织铁路职工进行技术比试的重要项目。

一、转 K6 转向架简介

1. 转向架及悬吊装置易出现故障的原因

转向架作为车辆重要组成部分，要承受多种载荷的作用，如垂向的静载荷及动载荷、轮轨作用产生的水平载荷以及惯性力和制动力产生的纵向载荷和冲击载荷。在这些载荷的综合作用和影响下，转向架的各零部件会承受弯曲、拉伸、剪切、扭转等应力作用，经过一段时间的运用，零部件会产生磨耗、变形、裂纹、腐蚀等损伤。

2. 转 K6 型转向架的特点

转 K6 转向架（见图 2-8）适用于中国标准轨距、轴重 25 t、最高商业运营速度 120 km/h 的各型铁路提速重货车，为铸钢三大件式货车转向架。

图 2-8　转 K6 型转向架

该转向架一系悬挂采用轴箱弹性剪切垫；二系悬挂采用带变摩擦减振装置的中央枕簧悬挂系统；两侧架之间加装侧架弹性下交叉支撑装置；采用 JC 型双作用常接触弹性旁承、双列圆锥滚子轴承、轻型新结构 HEZB 型铸钢车轮或 HESA 型辗钢车轮、中拉杆式单侧闸瓦基础制动装置、L-A 或 L-B 型组合式制动梁、新型高摩合成闸瓦等。

二、单车技术检查流程和方法

1. 插设防护信号（见图 2-9）

图 2-9　插设防护信号

2. 各主要部位的检查方法

（1）车端部和人力制动机。

检查车辆端部，如图 2-10 所示。要求车端部外涨：重车不超过 150（单位为 mm，下同），空车不超过 80。角柱无裂损，上端梁无折断，空车端墙板破损或腐蚀穿孔不超限，端梁无裂损；车体倾斜或外胀不超限。

图 2-10　车端检查

人力制动机配件齐全，无破损、脱落，制动机处于缓解状态。

检查折角塞门和制动软管，如图 2-11 所示。要求：折角塞门无破损、泄漏，塞门手把无丢失；制动软管无破损、丢失，定检标记不过期，连接器无裂损；制动软管吊链无丢失、脱出，车列首尾端软管胶圈无丢失。

图 2-11　制动软管检查

（2）车钩缓冲装置。

钩体、钩舌、牵引杆、钩尾框及钩尾扁销托无裂损；钩舌销无折断、丢失，钩舌销开口销无丢失；钩锁锁腿无折断，下锁销组成配件齐全、位置正确；钩提杆及链配件齐全，松余量符合规定,钩提杆座无裂损,螺母无松动、丢失,钩提杆复位弹簧无折断、丢失;钩体支撑座止挡铁及螺母、铆钉无丢失,支撑弹簧无折断;车钩防跳插销及吊链无丢失,插设良好;车钩托梁无裂损,螺栓、螺母无丢失;从板、从板座、缓冲器、冲击座无破损,从板座及冲击座铆钉无折断、丢失;安全托板及钩尾销托梁螺母无松动、丢失,钩尾框托板、钩尾扁销、钩尾扁销托及安全吊架螺母无松动、丢失,开口销无丢失;钩尾框托板、钩尾销托梁、从板、缓冲器箱体含油尼龙磨耗板无丢失。

两连接车钩互钩差不超限,车列首尾端部车钩三态作用试验良好。

提钩检查:全开不大于 250,钩舌、钩腕、钩腔无裂损,锁铁、钩舌推铁、锁销无损,闭锁不大于 135,三态作用良好,两钩连挂中心线互差不大于 75,中心线距轨面最高 890,最低重车 815、空车 835。

(3) 转向架下部及车底架。

检查车轴,如图 2-12 所示。要求车轴无裂损;摇枕、心盘无裂损;上、下心盘铆钉(含拉铆钉,下同)及螺栓无折断,螺母无松动、丢失;双作用弹性等旁承配件齐全、无破损,上旁承与下旁承体尼龙磨耗板无间隙,旁承滚子或 JC-1 旁承尼龙支承板与上旁承不得接触。

图 2-12 车轴检查

制动梁梁架、撑杆、支柱无裂损,支柱夹扣螺母无丢失,支柱圆销无破损,闸瓦托铆钉无折断、丢失;制动梁吊无裂损,圆销及开口销无折断、丢失;制动梁安全链无折断、脱落;制动梁安装位置正确。

基础制动各拉杆、杠杆、圆销无折断、丢失,吊架无破损、脱落,各开口销齐全良好、位置正确。

车底架各梁无裂损;空车地板破损或腐蚀穿孔不超限,车号自动识别标签无失效、丢失。

车轮轮缘垂直磨耗、内侧缺损不超限,踏面擦伤、剥离、凹下、缺损、圆周磨耗不超限,轮缘厚度、轮辋厚度符合规定。

交叉支撑装置盖板及交叉杆体无变形、裂损、折断,安全索或链无折断、脱落、丢失;脱轨自动制动装置配件齐全,位置正确。

(4) 车体。

脚蹬、车梯扶手无破损,弯曲不超出车辆限界,空车定检不过期。

上侧梁无折断；空车墙板、门板破损或腐蚀穿孔不超限；侧柱无裂损；车门无脱落及丢失，车门折页及座无折断，圆销、开口销无丢失；车门锁闭装置配件齐全、无破损；绳栓、柱插无破损、丢失。

（5）转向架侧部。

消除热轴故障；滚动轴承无甩油，外圈、前盖、轴箱无裂损，密封罩、轴端螺栓无脱出；承载鞍无裂损、错位，顶面无金属碾出；侧架导框纵向与滚动轴承外圈无接触；轴箱橡胶垫中间橡胶与上、下层板无错位；轴箱弹簧无折断、窜出、丢失；轴承挡键无丢失，螺母无松动、丢失。

侧架无裂损，侧架立柱磨耗板折头螺栓、铆钉无折断；交叉杆支撑座无破损，交叉杆端部螺栓无松动、丢失，防松垫止耳无折断。

闸瓦及闸瓦插销无折断、丢失，闸瓦磨耗不超限，闸瓦插销正位；闸瓦托铆钉无折断、丢失；闸调器无破损。

摇枕弹簧无折断、窜出、丢失；摇枕斜楔摩擦面磨耗板无窜出。

（6）空气制动装置。

空气制动机作用良好，制动缸活塞行程符合规定；制动缸无脱落，吊架无裂损，螺母无松动、丢失；制动主管、支管、连接管无漏泄，卡子及螺母、法兰螺母无丢失。

限压阀、调整阀、传感阀等无破损，吊架无裂损、脱落，限压阀与吊架连接螺栓螺母无松动、丢失。

加速缓解风缸、容积风缸、降压风缸等缸体及吊架无裂损、脱落，吊架螺母无丢失；制动阀吊架螺母无松动、丢失；集尘器、缓解阀无破损、丢失，缓解阀拉杆及吊架无破损、脱落；截断塞门无破损，塞门手把无丢失。

3. 撤除防护（见图 2-13）

图 2-13 撤除防护

思考题

1. 试列出货车单车技术检查的重点部位。
2. 货车车钩三态作用检查时需要掌握哪几个尺寸数据?

任务三　TFDS 典型故障识别

 学习任务描述

全面了解货车安全防范系统的组成、功能和检测原理,重点掌握 TFDS 动态图像检测系统的设备构成、可视检查范围、常见的典型故障及故障预报程序,能够在规定时间内准确识别典型故障。

 教学实施建议

教师对货车 5T 系统的检测原理进行必要讲解,引导学生自主学习 TFDS 设备构成、工作标准、故障预报,提供 TFDS 故障图库,由学生分组训练故障快速识别能力,并组织限定时间的故障识别测试。

地对车安全监控体系(5T 系统)是铁路车辆部门重要的安全防范系统,它采用智能化、网络化、信息化技术,实现了地面设备对客、货车辆运行安全的动态检测、联网运行、远程监控、信息共享,提高了铁路车辆运行安全防范能力。

铁路货物列车自从推广 5T 系统(车辆安全防范预警系统)以来,列检作业的故障检查基本依赖人机共同完成。5T 中的 TFDS 系统动态拍摄到的车辆图片,需要室内人工在规定时间内快速确定是否有故障,这样对于工作人员识别、判断故障的能力,提出了很高的要求。

5T 系统由以下系统构成:

(1)货车安全防范系统。

THDS:车辆轴温智能探测系统;

TPDS:车辆运行品质轨边动态监测系统;

TADS:车辆滚动轴承故障轨边声学诊断系统;

TFDS:货车故障动态图像检测系统。

(2)客车运行状态安全监测系统。

TCDS：客车运行状态安全监测系统；

在货车 5T 系统中，THDS、TPDS、TADS 已经实现自动报警，TFDS 则需要人工判断和确认故障。

一、THDS（Trace Hotbox Detection System）

利用轨边红外线探头，对通过车辆的每个轴承温度进行实时检测，并将检测信息实时上传到铁路局（分局）车辆运行安全监测中心，进行实时报警，如图 2-14、图 2-15 所示。

图 2-14　THDS 探测站

图 2-15　铁路分局红外监测中心

通过配套车号智能跟踪装置，可实现对车次、货物车辆的跟踪和热轴车辆的准确预报，同时还可以对热轴车辆进行跟踪报警，防范热轴、切轴事故。

二、TPDS（Truck performance Detection System）

利用轨道测试平台，对车辆安全指标进行动态检测，重点检测货车脱轨系数、轮重减载率，并检测车轮踏面擦伤、剥离以及货物超载、偏载等危及行车安全的情况。

重点防范货物列车脱轨事故，车轮踏面擦伤、剥离，货物超载、偏载等安全隐患。

轨道测试平台由 22 根混凝土轨枕组成（6 根 A 型轨枕、16 根 B 型轨枕）。

TPDS 探测站的主要设备有双向压力传感器、不打孔剪力传感器、室内控制机柜、车号自动识别天线等，如图 2-16、图 2-17、图 2-18 所示。

探测站设备测试核心部件是传感器，一套设备包括 12 只双向压力传感器和 8 对剪力传感器。

双向压力传感器是二维传感器，用于测量轮轨相互作用的垂直力和横向力，它通过高强螺栓固定在测试平台中的 A 型轨枕上。

不打孔剪力传感器用于测量钢轨在轮载下所受的剪力，无需在钢轨上打孔，不影响钢轨的工作状态。

图 2-16　TPDS 探测站

图 2-17　双向压力传感器

图 2-18　不打孔剪力传感器

图 2-19 所示为典型的车轮踏面擦伤故障及监测到的波形图。

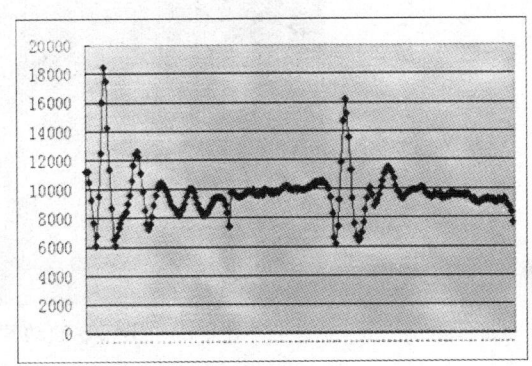

图 2-19　典型的踏面擦伤及其波形图

三、TADS（Trackside Acoustic Detection System）

TADS 采用声学诊断技术和计算机网络技术，通过对运行中的货车轴承噪声信号的采集和分析，识别轴承的工作状态，重点检测货车滚动轴承内外圈滚道、滚子等故障，可提供有效的轴承内部早期故障诊断结果，在热轴之前发现故障。

TADS 与红外轴温探测系统相结合，能更加有效地防止切轴和脱轨事故，提高轴承故障的防范水平，使列检对滚动轴承的检查从以人工判断为主逐步过渡到人机结合、机器判断为主的阶段。

TADS 探测站的主要设备有声音采集阵列、车号自动识别天线、室内控制柜，如图 2-20、图 2-21 所示。图 2-22 所示为 TADS 发现的一些故障轴承的图片。

图 2-20　TADS 探测站

图 2-21　TADS 轨边声音传感器阵列

图 2-22　TADS 故障轴承图片

四、TFDS 货车故障动态图像检测系统

1. TFDS 系统概述

TFDS 是货车运行故障动态图像检测系统的简称,它能够对运行货车的技术状态进行动态图像抓拍,以人机结合的方式及时发现车辆关键部位故障,防止货物列车行车事故发生,保障铁路运输安全。

TFDS 是车辆安全防范预警系统(5T 系统)的重要组成部分,该系统提高了列检作业质量,是对检车作业方式的重大变革。

2. TFDS 系统的功能

(1)能自动测速、自动计轴计辆;
(2)适应车速:5~120 km/h;
(3)自动获取机车及车辆的标签信息,并自动提取车次、车号及车型等信息;
(4)自动识别并屏蔽客车;
(5)对货车关键部件(制动梁、转向架、车钩等)准确定位并抓拍图像;
(6)自动按转向架、制动梁、中间部和车钩钩缓 4 个部件进行图像的拼接,并通过列检终端计算机显示;
(7)能够自动生成列检所需各类作业台账;
(8)具有数据及图像的上传接口;
(9)具有自检功能,自动对防护门、图像采集计算机、车辆信息采集计算机及各软件进行监控。

3. TFDS 系统的设备构成(见图 2-23)

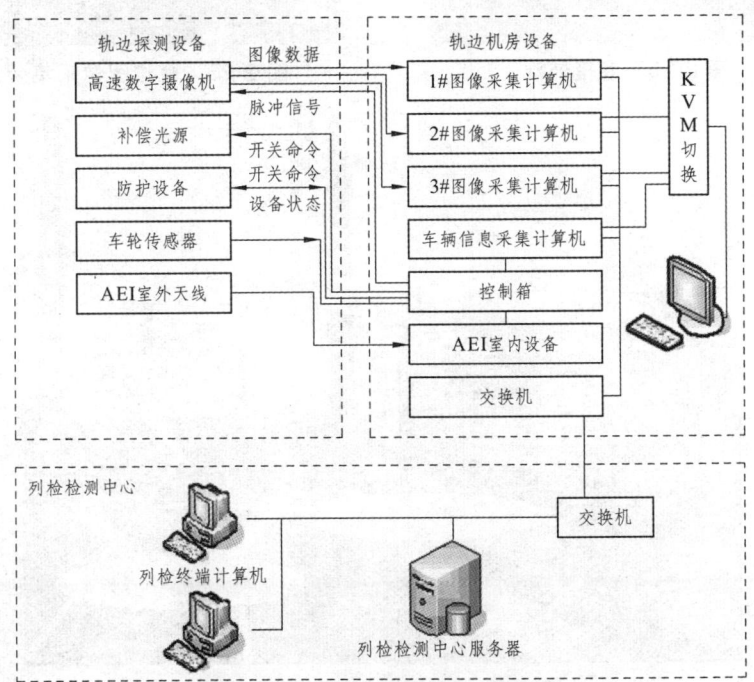

图 2-23　TFDS 系统的设备构成

4. TFDS 系统轨边设备（见图 2-24～图 2-27）

图 2-24　TFDS 轨边设备

图 2-25　底箱外观

图 2-26　轨边图像采集装置

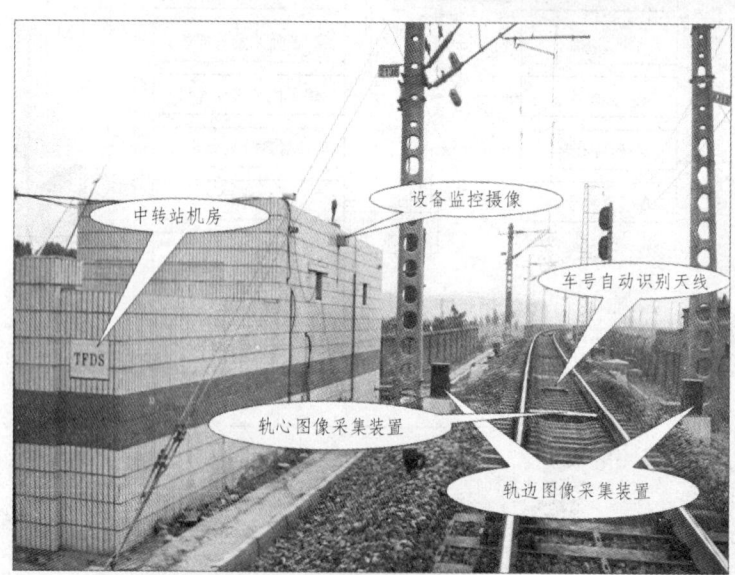

图 2-27　TFDS 现场设备全景图

5. TFDS 系统轨边机房设备（见图 2-28）

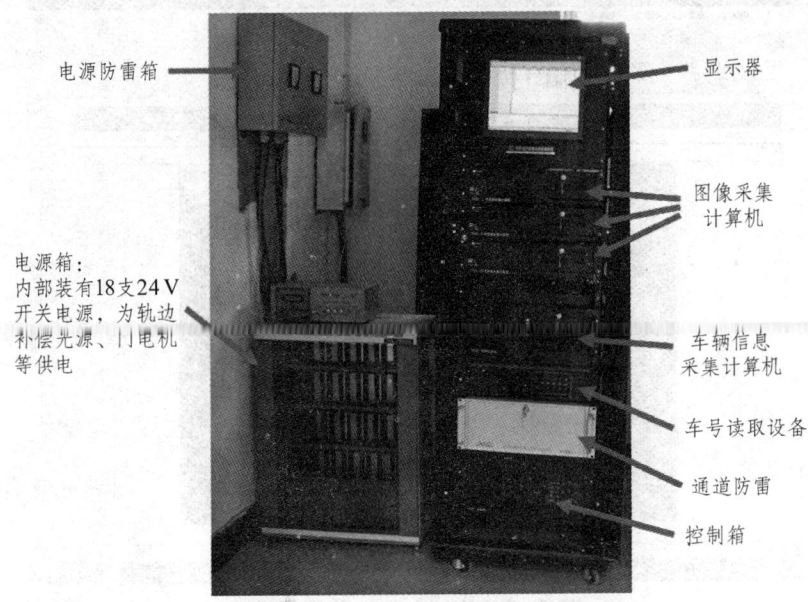

图 2-28　TFDS 轨边机房设备

6. TFDS 局级监控界面（见图 2-29）

图 2-29　TFDS 局级监控界面

7. TFDS 故障图片界面（见图 2-30）

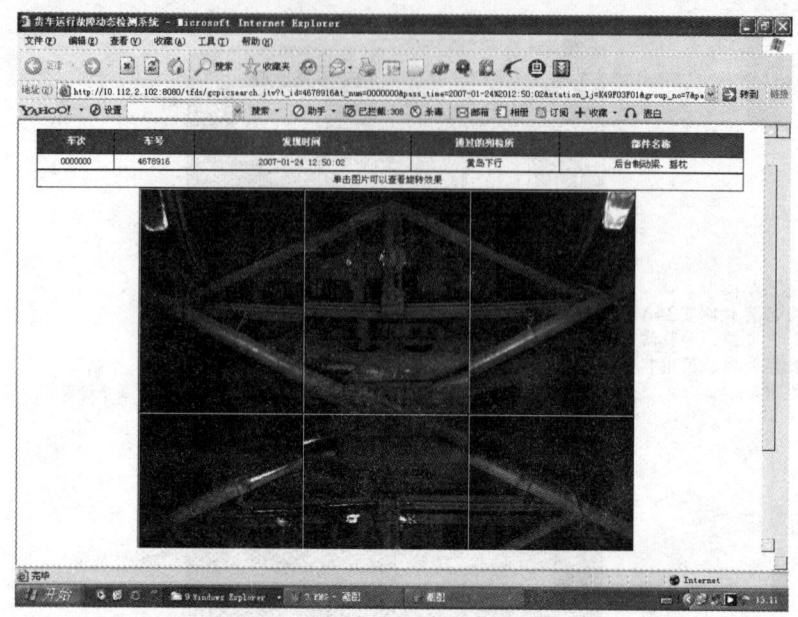

图 2-30　TFDS 局级监控界面

8. TFDS 可视检查范围和质量标准

TFDS 对货车下列部位的可视部分进行外观检查，检查范围和质量标准如下：

（1）转向架。

滚动轴承外圈前端、前盖、承载鞍前端无裂损，轴端螺栓无丢失。侧架及一体式构架侧梁外侧、摇枕底部无裂损，侧架立柱磨耗板无窜出、丢失，交叉支撑装置盖板下平面无变形、破损，交叉杆无裂损、弯曲、变形，交叉杆支撑座无破损，轴箱及摇枕弹簧无窜出、丢失，外簧无折断，转 K4 型转向架弹簧托板底部无破损，斜楔主摩擦板无窜出、丢失。

（2）制动装置。

闸瓦托吊无裂损，制动梁支柱无裂损，梁体无弯曲、变形，闸瓦托吊的圆销、开口销、U 形插销（螺栓）无丢失，闸瓦、闸瓦插销无安装不到位、丢失，下拉杆无折断、丢失，安全吊无脱落、丢失，制动梁支柱、下拉杆、固定杠杆支点、移动杠杆、上拉杆的圆销、开口销无折断、丢失，制动梁无脱落，闸调器无丢失，各拉杆无折断，截断塞门开、闭状态正常。

（3）车钩缓冲装置。

钩尾框底部无裂损、折断，钩尾框托板螺栓及螺母无丢失，从板、从板座、缓冲器底部无破损，钩尾销螺栓、螺母、开口销无丢失。

9. TFDS 工作标准

（1）交接班工作标准。

TFDS 动态检车员在交接班时，交班人员应认真填写《货车安全防范系统动态检车组交接班记录簿》。接班人员应确认设备状态良好，向交班人员了解设备使用情况及探测网络运行情况，检查记录台账，交接班人员共同在交接班记录簿上签字。

（2）动态检车员工作标准。

TFDS 动态检车员接到动态检车组长的准备接车口令后，要立即做好接车准备工作。动态检车员要按照职责分工和检查的范围进行作业，在收到列车图像后 6 分钟内完成对显示图像的分析和故障判断，发现故障后，须立即通知动态检车组长进行确认，并详细做好记录。检查完毕后，要向动态检车组长汇报检查完毕。

（3）动态检车组长工作标准。

TFDS 动态检车组长负责监测 TFDS 系统运行状态，并负责传输通道故障的监测，要将 TFDS 故障情况及时上报车辆段进行处理。当 TFDS 客户端计算机无法正常工作或 TFDS 由于光线干扰及其他因素造成图像不清晰，动态检车员无法判断时，要立即向列检值班员报告，由列检值班员通知该班现场检车工长，由现场检车员按技检标准对列车进行人工检查。

TFDS 动态检车组长在接车完成后，要对通过列车的编组情况和每一辆车的图像进行浏览检查，消除不正常现象，确保图像清晰、正确，满足动态检车员检车要求，并发布作业口令。对动态检车员发现的货车故障，要认真进行判定，确保准确无误。

10. TFDS 故障预报反馈程序

室内 TFDS 动态检车分为转向架底部、转向架侧架部、车钩缓冲部、车底部 4 个岗位同时进行故障判断。图 2-31、图 2-32 所示为 TFDS 动态检车值班室和 TFDS 检测分析中心。

图 2-31　TFDS 动态检车值班室

图 2-32　TFDS 检测分析中心

动态检车员发现货车故障并由动态检车组长确认后，由动态检车组长将车次、车号、辆序、故障方位、部位及名称等情况向列检值班员报告；由列检值班员通知现场检车员；由现场检车员对预报故障进行检查确认，并将检查确认情况向动态检车组进行反馈；由动态检车员录入 TFDS 系统。

11. TFDS 故障车拦停程序

TFDS 动态检车员发现货车摇枕，侧架裂损，轴承冒烟，制动梁、下拉杆脱落，钩托板裂损及直接危及行车安全的其他车辆故障时，经动态检车组长确认后，由动态检车组长将车次、车号、辆序、故障情况通过录音电话通知车辆运行安全监测站 TFDS 值班员，由 TFDS 值班员通过录音电话通知行车调度员和车辆调度员，并填写"货车安全防范系统拦停甩车通知卡"并送至行车调度员处，双方签字确认，由行车调度员安排立即拦停，由车辆调度通知车辆段启动辆故调查程序，派员前往处理，并安排专人将处理情况在 24 小时内录入 TFDS 系统。

五、TFDS 检查范围内的货车典型故障

1. 转向架及悬吊装置典型故障

（1）侧架立柱磨耗板窜出，如图 2-33 所示。

图 2-33 侧架立柱磨耗板窜出（转 8A 型）

（2）侧架异物，如图 2-34 所示。

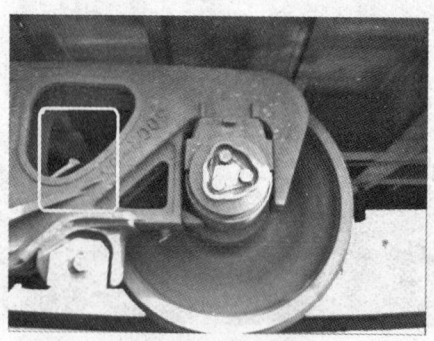

图 2-34 侧架异物

(3)转 K2 交叉杆变形,交叉杆下盖板裂损,如图 2-35、图 2-36 所示。

图 2-35　转 K2 交叉杆变形

图 2-36　交叉杆下盖板裂损

(4)摇枕弹簧折断、丢失,如图 2-37、图 2-38 所示。

图 2-37　摇枕弹簧折断

图 2-38　摇枕弹簧丢失

（5）摇枕异物，如图 2-39 所示。

图 2-39　摇枕异物图

（6）轴承甩油，如图 2-40 所示。

图 2-40　轴承甩油

（7）轴端紧固螺栓松动，如图 2-41 所示。

图 2-41　轴端紧固螺栓松动

（8）转 8A 下心盘垫板窜出，如图 2-42 所示。

图 2-42　转 8A 下心盘垫板窜出

2. 车钩缓冲装置典型故障

（1）钩舌销折断、丢失，如图 2-43 所示。

图 2-43　钩舌销折断

（2）钩舌推铁丢失，如图2-44所示。

图2-44　钩舌推铁丢失

（3）钩提杆变形、折断、丢失，如图2-45、图2-46、图2-47所示。

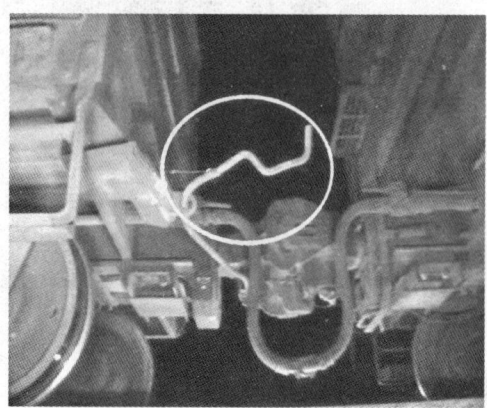

图2-45　钩提杆变形

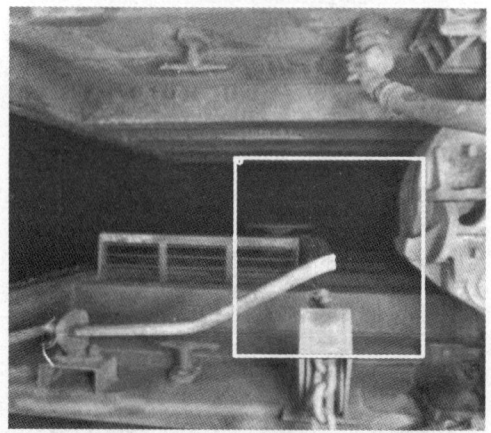

图2-46　钩提杆折断

图 2-47　钩提杆丢失

（4）钩尾框托板螺栓丢失，如图 2-48 所示。

图 2-48　钩尾框托板螺栓丢失

（5）后从板座破损，如图 2-49 所示。

图 2-49　后从板座破损

3. 基础制动装置典型故障

（1）上拉杆折断、丢失，开口销未劈，如图 2-50、图 2-51、图 2-52 所示。

图 2-50　上拉杆折断

图 2-51　上拉杆丢失

图 2-52　上拉杆开口销未劈

（2）连接杠杆圆销丢失，如图 2-53 所示。

图 2-53　连接杠杆圆销丢失

（3）横跨梁折断，如图 2-54 所示。

图 2-54　横跨梁折断

（4）闸调器控制杠杆开焊，开口销合股，闸调器破损，如图 2-55、图 2-56、图 2-57 所示。

图 2-55　闸调器控制杠杆开焊

图 2-56　闸调器控制杠杆开口销合股

图 2-57　闸调器破损

（5）制动梁安全链折断，支柱开口销合股，安全吊丢失，槽钢裂损，如图 2-58、图 2-59、图 2-60、图 2-61 所示。

图 2-58　制动梁安全链折断

模块二 货车运用维修

图 2-59 制动梁支柱开口销合股

图 2-60 制动梁安全吊丢失

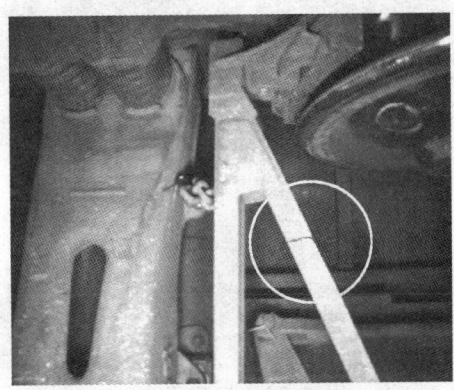

图 2-61 制动梁槽钢裂损

（6）闸瓦磨耗过限，插销丢失，闸瓦丢失，如图 2-62、图 2-63、图 2-64 所示。

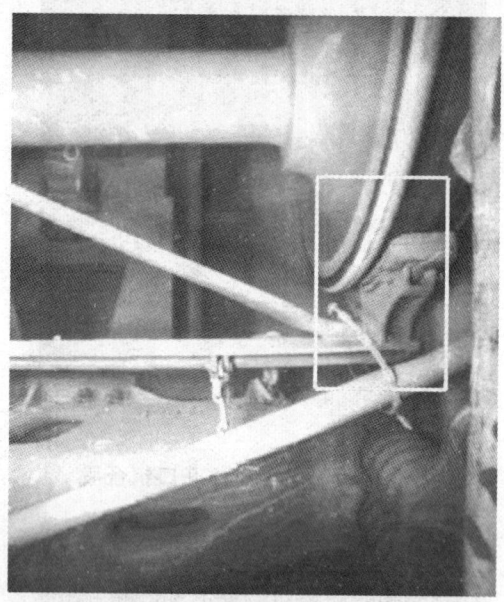

图 2-62　闸瓦磨耗过限

图 2-63　闸瓦插销丢失

图 2-64　闸瓦丢失

4. 空气制动装置典型故障

（1）折角塞门半开，手把折损，如图 2-65、图 2-66 所示。

图 2-65　折角塞门半开

图 2-66　折角塞门手把折损

（2）截断塞门手把关闭，如图 2-67 所示。

图 2-67　截断塞门手把关闭

（3）副风缸排水堵丢失，吊架开焊，如图 2-68、图 2-69 所示。

图 2-68　副风缸排水堵丢失

图 2-69　副风缸吊架开焊

（4）工作风缸排水堵丢失，如图 2-70 所示。

图 2-70　工作风缸排水堵丢失

（5）安全阀丢失，如图 2-71 所示。

图 2-71　安全阀丢失

（6）制动软管丢失，如图 2-72 所示。

图 2-72　制动软管丢失

（7）调整阀配件丢失，如图 2-73 所示。

图 2-73　调整阀配件丢失

（8）集尘器螺栓丢失，如图 2-74 所示。

图 2-74　集尘器螺栓丢失

5. 车体其他故障

（1）车辆标签丢失，如图 2-75 所示。

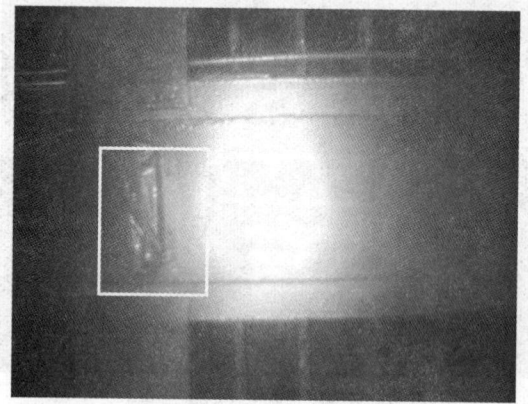

图 2-75　车辆标签丢失

（2）端梁弯曲变形，如图 2-76 所示。

图 2-76　端梁弯曲变形

思考题

1. 车辆 5T 系统由哪些系统组成，其主要检测依据是什么？
2. TFDS 系统的设备构成有哪些？
3. 简述 TFDS 故障预报反馈程序。
4. TFDS 动态检车分为哪 4 个工位？

模块三 动车组运用检修

任务一 受电弓一级检修

 学习任务描述

以 CRH5A 动车组为载体,以 DSA250.30 受电弓一级检修为驱动,在了解动车组运用检修管理和一级检修流程的基础上,学习动车组受电弓的结构、气路原理和各部件功能、自动降弓过程,掌握受电弓一级检修项目和方法,了解受电弓常见故障和故障排查规程。

 教学实施建议

以学生为主体、教师引导学生完成 CRH5A 动车组使用的 DSA250.30 型受电弓的组成结构、功能原理、检修流程和常见故障的理论学习;考虑车顶高压和生产秩序等重要安全因素,受电弓一级检修的实际操作可通过观看现场录制的工作视频或培训视频来完成。

受电弓是动车组极其重要的电气设备,它获取接触网 25 kV、50 Hz 的电流并传输到车顶高压电路中,属于受流装置。短编动车组配有两个相同型号的受电弓,每次只有一个受电弓工作,另一个受电弓作为备用。

一、动车组一级检修认知

1. 动车组修程管理

动车组实行计划性预防修的检修体制,分为五级修程。一、二级检修为运用检修,在动车组运用所内进行;三、四、五级检修为高级检修,在具备相应车型检修资质的检修单位进行。

动车组运用维修采用以走行公里周期为主(走行公里以动车组管理信息系统为准)、以时间周期为辅的检修模式。

二级检修是对动车组各系统、零部件实施的周期性维护保养、检测和试验,可采用集中修或均衡修相结合的方式进行,不同车型按照其维修卡片规定的检修周期通过分类"作业包"形式组织实施。

目前各型动车组一级检修周期见表 3-1。

表 3-1　各型动车组一级检修周期

车型	CRH1A/1B/1E	CRH5A	CRH3C CRH380B/BL CRH380CL	CRH2A/2B/2C/2E CRH380A/AL
一级检修周期	（4 000±400）km 或运用 48 h	（5 000±500）km 或运用 48 h	（4 000±400）km 或运用 48 h	（4 000±400）km 或运用 48 h

2. 动车组运用所

动车组运用所（以下简称动车所）是动车组进行日常运用维修的场所，应设置在路网客运中心和始发终到客流较大的地区。新建动车所检查库原则上不少于 6 线 12 标准组位，存放线、临修库能力应与检查库能力相匹配；洗车库（线）、检测线能力应满足动车组密集入所检测、整备需要。

动车所承担动车组整备、运用维修、电务车载设备检修等工作，涉及车辆、机务、供电、电务、客运、运输及造修企业的售后服务等部门（单位）。

运用维修班组是动车组运用维修工作的主体，承担动车组一级、二级检修和整备，负责动车组检查、维修、试验、故障处理，检修设备操作及日常保养，动车组回送、交接和试运行等工作。

动车组乘务组担负着管理和操作动车组设备、监控列车运行和设备技术状态的重要职责。随车机械师须按一次出乘作业标准值乘，正确判断、妥善处置车辆设备故障，办理相关交接，并承担部分行车组织职能。

3. 动车组一级检修的内容

一级检修是对运用动车组的车顶、车下、车体两侧、车内和司机室等部位实施快速例行检查、试验和故障处理的检修作业，须在动车所检查库内实施。

动车组一级检修可采用无电（可接外接电源）-有电或有电-无电-有电作业模式。

动车组一级检修时，短编（8 辆编组）由 1 个作业小组实施，长编（16 辆编组）由 2 个作业小组实施。

4. 动车组一级检修的基本流程

以 CRH380BL 动车组为例，其一级检修的周期为每次运行累计 4 000 km 或 48 h 内，并允许按规定的检修周期提前或延后 10%组织实施，由 2 个作业小组分工协作完成，基本流程为：

（1）作业前准备，如图 3-1 所示。

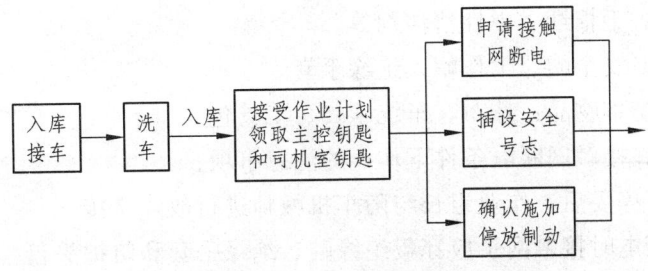

图 3-1　作业前准备

（2）无电作业，如图 3-2 所示。

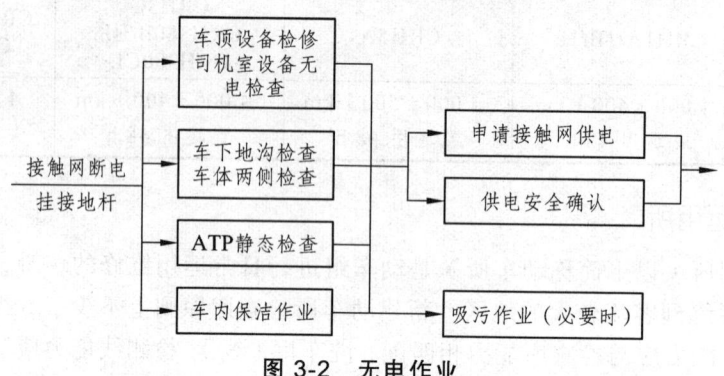

图 3-2　无电作业

（3）有电作业，如图 3-3 所示。

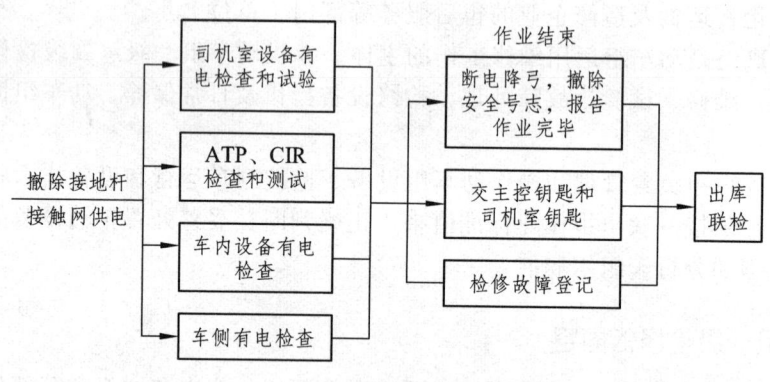

图 3-3

注：ATP——Auto Train Protection，即列车自动保护系统；
　　CIR——Cab Integrated Radio Communication Equipment，即机车综合无线通信设备。

（4）作业结束。

（5）出库联检。

5. 动车组一级检修注意事项

（1）作业工具：绝缘手套、手电筒、对讲机、四角钥匙、扭矩扳手、普通扳手、螺丝刀、钢板尺、粉笔。

（2）作业材料：干棉纱、中性清洁剂等。

（3）防护用品：安全帽、工作帽、绝缘手套。

（4）作业人员携带物品：抹布、车统-15、工具包。

（5）一级检修在接触网断电条件下作业的注意事项：

① 动车组入库停妥后，作业组长与随车机械师进行故障交接。

② 接触网供断电时接触网工应穿戴绝缘鞋、绝缘手套和防护头盔。

③ 登顶作业前确认接触网断电，防护号志、接地杆可靠插设。
④ 作业时注意脚下，在车顶防滑部分行走时，防止跌倒滑落。
⑤ 作业人员在登顶作业时必须配戴安全帽。
⑥ 进行地沟检查作业时，应配戴安全帽。
⑦ 进行地沟检查作业时，严禁将手指伸进闸片与制动盘间。
⑧ 入库后，制动盘、闸片可能还处于高温状态，因此不要用手直接触摸。

（6）接触网供电条件下车体两侧一级检修作业的注意事项：
① 动车组入库停妥后，作业组长与随车机械师进行故障交接。
② 作业人员须穿工作服、绝缘鞋，戴安全帽。
③ 作业中要确认接触网状态、防护号志设置情况。
④ 车体两侧检查作业时，不得直接用手触摸、插拔车端连接线。
⑤ 检修作业结束后，作业组长需登陆信息系统，检查确认故障回填情况。

（7）一级检修作业过程中的"四必"：必呼、必看（查看）、必指、必画（涂写检修标记）。

二、受电弓概述

1. 受电弓的型号

DSA250.30 型受电弓是一种单臂受电弓，使用在 CRH5A 动车组上。国内供货商是北京赛得公司，该公司从德国 STEMMANN 公司引进技术，并于 2002 年实现国产化。DSA250.30 型受电弓适应既有线和客运专线接触网。

目前我国现有的几种动车组，由于时速级别和引进技术不同，使用的受电弓型号也不相同，表 3-2 列出了现有动车组各车型所使用的几种受电弓型号。

表 3-2 受电弓型号与使用车型

受电弓型号	使用车型
DSA250Bsp	CRH1 动车组
DSA250	CRH2A、CEH2E 时速 200 km 级动车组
DSA250.30	CRH5A 动车组
TSG19A	CRH380A 动车组（短编）
DSA380	CRH380AL 动车组（长编）
SSS400+	CRH3C、CRH2C 动车组
CX018	CRH380BL 动车组（长编）

2. 受电弓的技术规格

表 3-3 列出了 DSA250.30 受电弓的各项技术规格。

表 3-3　DSA250.30 受电弓的技术规格

额定工作电压	25 kV
允许频率范围	49～51 Hz
最大电流	1 000 A
允许频率范围	49～51 Hz
最大电流	1 000 A
弓头悬挂移动量	60 mm（垂向）
设计应用速度	200 km/h
静态接触压力（可在阀板上调节）	50～120 N
供风压力	400～1 000 kPa
接触压力为 80 N 的额定压力	330～380 kPa
重量（无绝缘子）	117 kg（约）

3. 受电弓的材料规格

表 3-4 列出了 DSA250.30 受电弓各部件的材料规格。

表 3-4　DSA250.30 受电弓材料规格

部件	材料
底架	钢
下臂	铝合金
上臂	铝合金
弓头	铝合金/不锈钢
上导杆	铝合金
碳滑板	铝质支座/硬碳
弓角	钛基合金

4. 受电弓的位置

CRH5A 型动车组设有两个受电弓，分别安装在 TP 和 TPB 车的车顶上，如图 3-4 和图 3-5 所示。

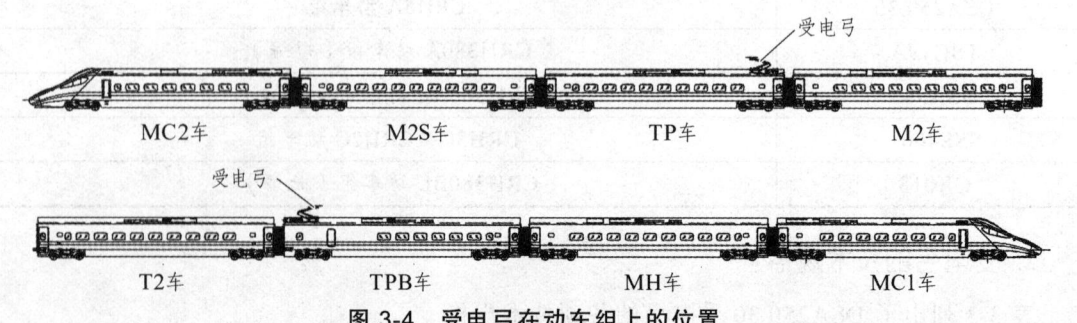

图 3-4　受电弓在动车组上的位置

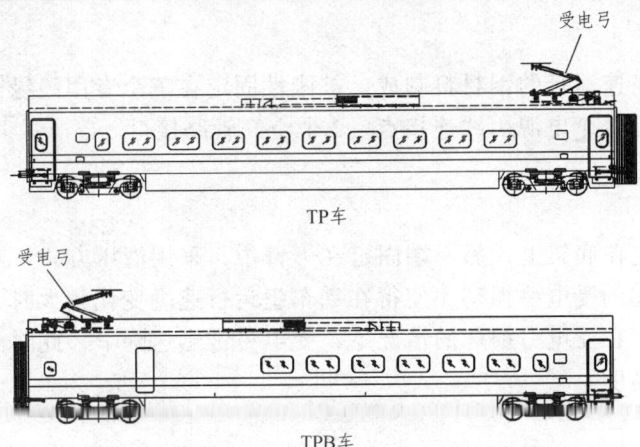

图 3-5 受电弓在 TP 车和 TPB 车上的位置

三、受电弓总体构成

DSA250.30 受电弓由底架、阻尼器、升弓装置、下臂、下导杆、上臂、上导杆、弓头、碳滑板、绝缘子、绝缘软管等组成，如图 3-6 所示。

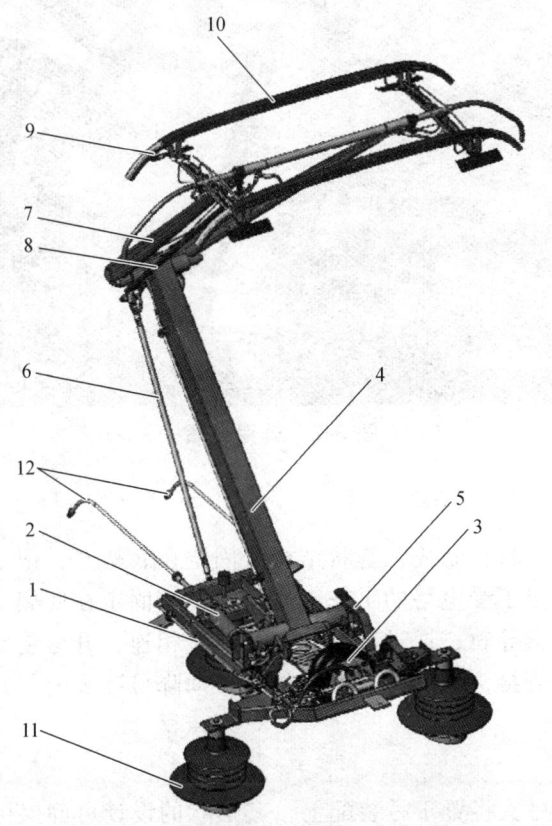

图 3-6 DSA250.30 受电弓总体构成

1—底架；2—阻尼器；3—升弓装置；4—下臂；5—弓装配；6—下导杆；7—上臂；
8—上导杆；9—弓头；10—碳滑板；11—绝缘子；12—绝缘软管

1. 底架

底架由适用于高速运行的钢材料制成，被刚性固定在三个专用绝缘子上，用于支撑整个受电弓。底架上有3个电源引线连接点、2个空气管路接口。

2. 阻尼器

阻尼器一端固定在底架上，另一端固定在下臂中，采用液压方式。它能够吸收由动车组运行和接触网引起的受电弓振动，使得在动车组运行速度变化较大时，受电弓和接触网之间压力变化不大。在受电弓损坏的情况下，受电弓被迅速降下，此时液压阻尼器将受电弓控制在最低工作高度。

3. 升弓装置

升弓装置（见图3-7）安装在底架上，通过钢丝绳作用于下臂。它是受电弓的动力装置，由气囊式气缸和导盘组成，其导盘通过钢索连接在下臂钢索轨道上：进气时，气囊胀大，推动导盘向其前方运动，导盘和钢索轨道间的钢索拉紧，带动下臂绕轴向上转动，受电弓升起；排气时，气囊式气缸回缩，受电弓降弓。

图3-7 升弓装置

4. 下臂

下臂由较轻的铝合金材料制成，管状结构，固定在底架上，用于支撑受电弓重量，传递升弓力矩，其长度决定了受电弓的工作高度。其一端固定在底架上，另一端通过铰链和上臂相连。其上设有钢索导轨，通过钢索和升弓装置相连，升弓装置带动下臂绕轴转动。其内有空气管路，通过管接头和软管连接，作为自动降弓装置的气路。

5. 弓装配

当受电弓降下时，弓头将置于弓装配上，其形状的设计可确保弓头在降下位置时不会发生任何损坏。

6. 下导杆

下导杆分别接在上臂一端和底架上,用于调整最大升弓高度和碳滑板运动轨迹。

7. 上 臂

上臂为铝合金制成的空管,用于支撑弓头重量,传递向上压力,保证受电弓工作高度。

8. 上导杆

上导杆一端接在下臂,另一端接在弓头支架的幅板下方,其作用是调整滑板在各运动高度均处于水平位置。

9. 弓 头

弓头由托架构架、横向弹簧、弓角、碳滑板、ADD 气动软管连接组成,如图 3-8 所示,用于承受横向和纵向冲击,保护碳滑板,同时还可保持对接触网线的恒定接触压力。

图 3-8 弓头

10. 碳滑板

在托架构架上有 2 个碳滑板,碳滑板由硬碳制成,滑板表面必须光滑,以确保受流时不产生火花。自动降弓装置会通过压缩空气来监测碳滑板的工况。

11. 绝缘子

绝缘子由陶瓷材料制成,三个支撑绝缘子被刚性固定在车辆顶部,用于安装受电弓。

12. 绝缘软管

绝缘软管负责连接车顶上方的压缩空气管路,它提供气动管路之间的柔性连接。

13. 电源软线

电源软线对流经移动/转动零部件(轴承)的电流进行旁路,如图 3-9 所示,这样可以提高轴承的使用寿命,有助于流经受电弓的电流的自由流动。

图 3-9 受电弓上的电源软线

四、受电弓工作原理

1. 受电弓的工作要求

受电弓靠滑动接触而受流,因此滑板与接触导线的接触要可靠、磨耗小;升、降弓时不产生过分冲击;运行中受电弓应动作轻巧、平稳、动态稳定性好。

为此,在接触网导线高度允许变化的范围内,要求受电弓滑板对接触网导线有一定的接触压力,且升、降弓过程具有"先快后慢"的特点,即升弓时滑板离开底架要快,贴近接触导线要慢,以防弹跳(弹跳会产生弓网间的拉弧,造成弓网的烧损);降弓时滑板脱离接触网导线要快(以防拉弧造成烧损),落在底架上要慢(防止对底架有过分的机械冲击)。

2. 受电弓的气路原理

(1) 电磁阀的入口处始终通有压缩空气,如图 3-10 所示;

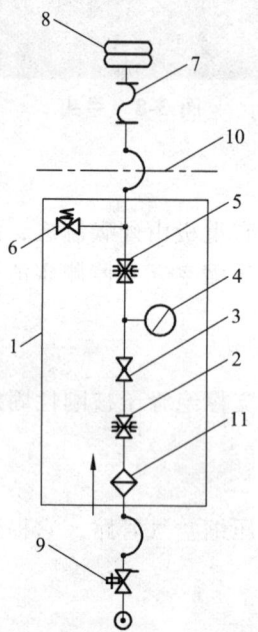

图 3-10 受电弓的气路原理

1—阀板;2—节流阀(升弓);3—减压阀;4—压力表;5—节流阀(降弓);6—性能阀;
7—绝缘软管;8—气囊驱动装置;9—电磁阀;10—车顶引出线;11—压缩空气净化器

（2）可通过司机室操作面板上的受电弓提升杆、HMI 屏上的升弓指令按钮来进行升弓，如图 3-11 所示；

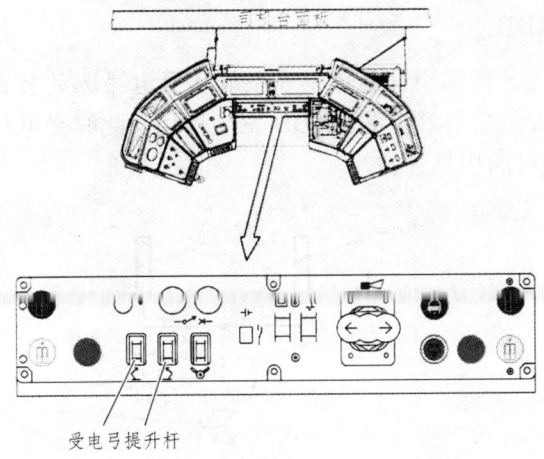

图 3-11　司机台面板上的受电弓提升杆

（3）升弓时，车载计算机发送电信号使电磁阀得电，允许空气经压缩空气净化器进入升弓节流阀；

（4）升弓节流阀允许压缩空气缓慢进入减压阀的入口；

（5）减压阀的压缩空气直接流到升弓装置的气囊驱动装置，气囊胀大带动下臂绕轴向上转动，受电弓缓慢上升，直至碳滑板接触到接触网线；

（6）同理，通过降弓节流阀排气时，驱动气囊回缩，受电弓快速离开接触网线，然后缓慢降下。

3. 气路部件的功能

（1）压缩空气净化器用于清除压缩空气中的灰尘和湿气；

（2）减压阀可确保受电弓操作过程中压缩空气的恒定供应，其精度为 ±2 kPa，可通过调整减压阀压缩空气的压力调整静态接触压力，气压每变化 10 kPa 会使接触压力变化 10 N；

（3）节流阀（见图 3-12）用于调整升弓时间和降弓时间；

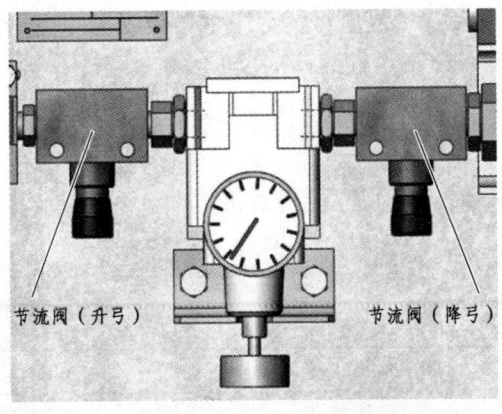

图 3-12　节流阀

（4）如果减压阀出现故障，位于供电线路上的性能阀可起到限制空气压力的作用；

（5）压力表用于显示减压阀的出口气流压力。

4. 自动降弓装置 ADD

碳滑板内部带有风道，压缩空气经由供风系统从受电弓驱动装置进入碳滑板。如果碳滑板有了缺陷，这会导致压缩空气泄漏，ADD 发生作用，此时受电弓升弓装置中的气体会从图 3-13 所示的快速降弓阀中迅速排出。

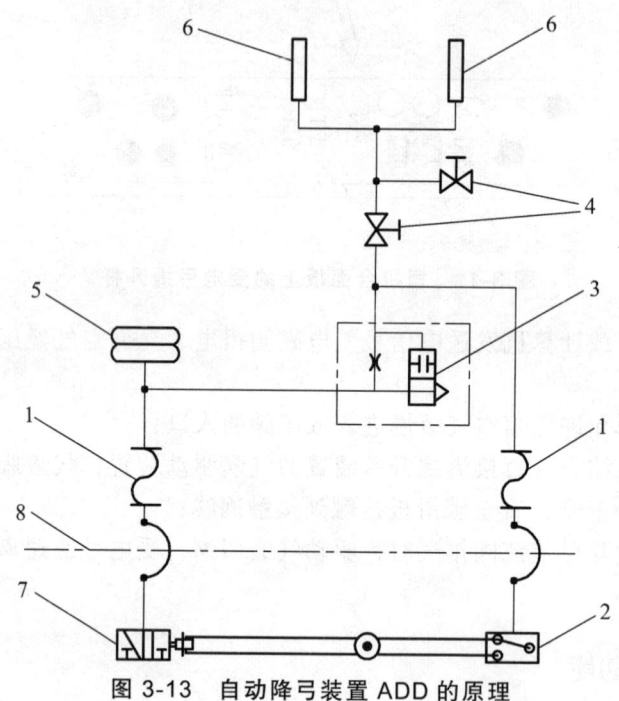

图 3-13　自动降弓装置 ADD 的原理

1—绝缘软管；2—压力开关；3—快速降弓阀；4—控制塞门（自动降弓）；
5—气囊驱动装置；6—碳滑板；7—电磁阀；8—车顶界面

当碳滑板磨损到限或破裂时，空气压力将自动下降。压力的下降会使压力开关打开，并向车载计算机发出一个电气信号。然后，车载计算机会切断主断路器（DJ），以免接触网和受电弓受到电弧损害，并发送"受电弓落弓"信号至受电弓电磁阀（7），以降下受电弓。

动车组运行期间，出现必须降弓性故障时，也会由车载计算机发送电信号给电磁阀（7），实现降弓。

五、受电弓一级检修卡（见表 3.5）

表 3-5　受电弓一级检修卡

子系统	检修内容	维修卡代码
受电弓	目视检查	CRH5-MR1-04D-TC001
碳滑板	目视检查	CRH5-MR1-04D-TC002

续表 3-5

子系统	检修内容	维修卡代码
弓角	目视检查	CRH5-MR1-04D-TC003
受电弓	功能检查	CRH5-MR1-04D-TC005
碳滑板	更换	CRH5-MR1-04D-TC006
绝缘软管	清洁	CRH5-MR1-04D-TC007
电源软线	目视检查	CRH5-MR1-04D-TC008
气能阀	功能检查	CRH5-MR1-04D-TC011
绝缘子	清洁	CRH5-MR1-04D-TC012
受电弓	润滑	CRH5-MR1-04D-TC013
滑动轴承	功能检查	CRH5-MR1-04D-TC014

六、受电弓一级检修方法

1. 受电弓目视检查

（1）工具：手电筒。

（2）防护用品：手套、帽子。

（3）检查内容和方法：

① 目视检查受电弓配件是否完整、零件有无物理损坏及裂缝。

② 检查弓头有无变形，销子、开口销是否齐全。框架表面是否平整，无变形、裂纹，安装是否牢固。

图 3-14 目视检查受电弓配件

③ 检查所有电源软线是否完整，连接有无松动。如有松动，则应拧紧电源软线。
④ 检查气动连接的完整性及其连接有无松动。
⑤ 检查电磁阀的连接是否松动，如有松动，则应进行紧固。
⑥ 需要时更换绝缘子、电源软线等部件。

2. 碳滑板目视检查

（1）工具：钢板尺、手电筒、锉刀。
（2）防护用品：手套、帽子。
（3）检查内容和方法（总体要求：碳滑板表面不得有缺陷、断裂，安装牢固无变形）：
① 从支座上沿测量碳滑板高度。
② 检查碳滑板上出现的各种裂纹，如图 3-12 所示。

（a）边缘上的碳结块　　　　（b）大裂纹　　　　（c）小裂纹

图 3-15　碳滑板各种裂纹

③ 出现以下情况，则更换碳滑板：
a. 碳滑板高度低于 5 mm；
b. 发现大的碳结块；
c. 边缘处发现碳结块以及裂缝；
d. 大裂缝延伸到支座上，同时电气部件因腐蚀而发生损坏；
e. 宽度方向破损超过 1/2。
注：如果只更换其中一块碳滑板，则应确保此块滑板和另一块滑板之间的高度差不超过 3 mm，如果高度差超过 3 mm，则两块碳滑板均需更换。
④ 边缘上的碳结块可用粗锉刀锉平锐利的边缘。
⑤ 细小的毛细裂纹不会损坏电气零件。

3. 弓角目视检查

（1）工具：手电筒。
（2）防护用品：手套、帽子。
（3）检查内容和方法：检查弓角（见图 3-16）涂层的磨损情况，如果涂层磨损严重，则应更换弓角。

模块三 动车组运用检修

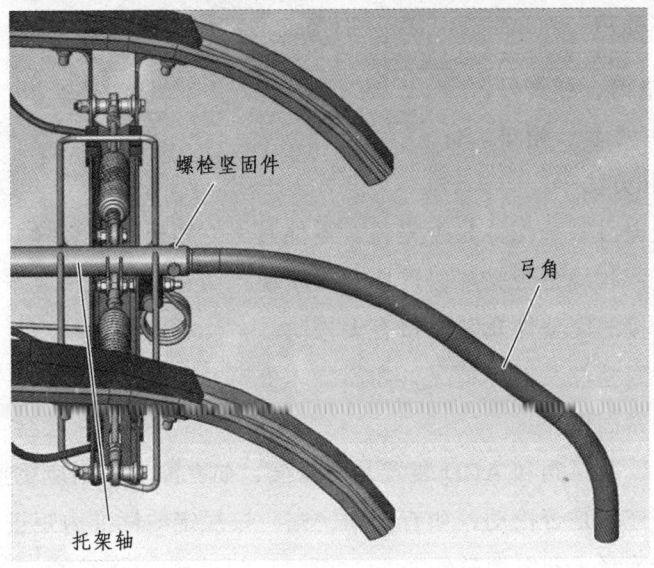

图 3-16 弓角

4. 电源软线目视检查

为了跨接绝缘轴承，在接头处配有电源软线，如图 3-17 所示。电源软线是传输高压电流的线路，所以要确保它的工况完好。

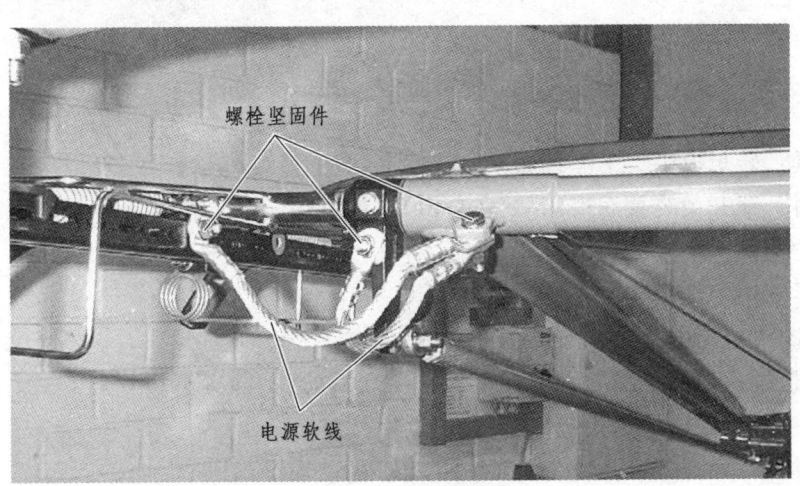

图 3-17 电源软线

（1）工具：转矩扳手、干布。
（2）防护用品：手套、帽子。
（3）材料：铜开关装置润滑脂——FT 40 V1 [H100]。
（4）检查方法：
① 检查螺栓紧固件是否完整，有无裂缝、腐蚀及损坏，必要时更换螺栓紧固件。
② 检查电源软线，如有一股断裂，则应更换电源软线。
③ 在接触面上涂上铜开关装置润滑脂。

5. 受电弓功能检查

（1）工具：手电筒、弹簧秤。

（2）防护用品：手套、帽子。

（3）检查内容和方法：

① 目视检查受电弓系统配件是否完整、零件有无物理损坏及裂缝。

② 检查所有电源软线是否完整，连接有无松动。如有松动，则应拧紧电源软线。

③ 检查气动连接的完整性及其连接有无松动。

④ 检查紧固件完整性及损坏情况，如需要，更换紧固件。

⑤ 检查紧固件紧固度。

⑥ 检查节流阀、减压阀和 ADD 装置是否漏气，如有漏气，则应更换相应阀门。

⑦ 检查电磁阀连接是否松动，如有松动，则应按规定的标准力矩进行紧固。

⑧ 需要时更换绝缘子和电源软线。

⑨ 受电弓功能测试步骤：

a. 升、降受电弓至少 4~5 次，并检查受电弓移动是否自如；

b. 如需要，调整接触压力设置；

c. 检查漏气情况，如出现漏气现象，则应紧固法兰连接器和紧固件；

d. 检查 ADD 装置的运行。

6. 更换碳滑板

（1）工具：转矩扳手、干净抹布。

（2）材料：铜开关装置润滑脂——FT 40 V1 [H100]。

（3）防护用品：手套、帽子。

（4）更换方法（见图 3-18）：

① 拆除碳滑板两端 ADD 系统的压缩空气连接（3）。

② 旋松带锥形弹簧垫圈的六角螺母 M8（2），然后拆除碳滑板支架（5）。

③ 小心地拆除碳滑板（1），以防损坏其他零件。

④ 用一块干净的抹布清洁碳滑板支架（5）的表面。

⑤ 将铜开关装置润滑脂均匀涂抹在碳滑板支架（5）的表面上。

⑥ 使用锥形弹簧垫圈和六角螺母（2）安装新的碳滑板（1），紧固碳滑板，使其处于水平位置，两板之间不能相互张紧。

⑦ 连接 ADD 系统的压缩空气连接，确保连接处无漏气。

注：组装压缩空气软管时，需要小心地用螺柱将管接头螺母紧固在铝型材上，规定的紧固力矩≤3 N·m。

⑧ 每次更换碳滑板之后，都应当检查翼片的准确位置。

⑨ 检查接触压力，如有必要，应调整接触压力。

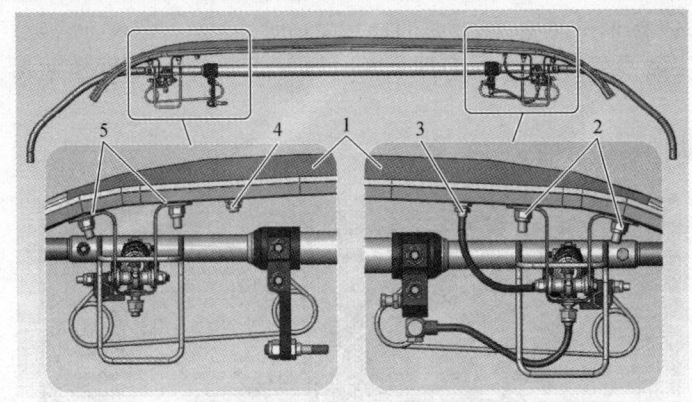

图 3-18 更换碳滑板图示

1—碳滑板；2—带锥形弹簧垫圈的六角螺母 M8；3—压缩空气连接（ADD 系统）；
4—测试螺钉压缩空气连接；5—碳滑板支架

7. 绝缘子清洁

（1）工具：干净抹布。
（2）材料：工业清洗剂、硅树脂胶合剂。
（3）防护用品：手套、帽子。
（4）清洁方法：

① 检查绝缘子和绝缘底架的完整性、裂缝及损坏情况，绝缘子安装要牢固。需要时更换绝缘子。

② 使用工业清洗剂清洗绝缘子。

③ 清洗完后，应在绝缘子上涂抹硅脂膏。硅脂膏可以保护绝缘子，使其免受环境条件（如雨、雪、冰、盐雾及紫外线照射）的损害。

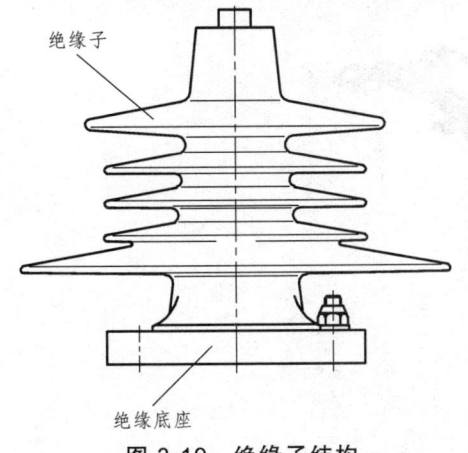

图 3-19 绝缘子结构

图 3-20 清洁绝缘子

8. 绝缘软管清洁

（1）工具：干布。
（2）防护用品：手套、帽子。

（3）清洁方法：

① 用干燥的压缩空气吹出绝缘软管（见图 3-21）中的灰尘和堵塞物，确保压缩空气干燥。

② 使用干布清洁绝缘软管。

图 3-21　绝缘软管

9. 受电弓润滑

（1）工具：干净干布。

（2）材料：润滑脂——Shell Alvania-RL 3 [H10]、润滑枪 [W04]。

（3）防护用品：手套、帽子。

（4）润滑方法：

① 使用干净的干布彻底清洁润滑喷嘴。

② 应当使用润滑枪向导杆旋转头和升弓装置的润滑喷嘴注入润滑脂。

注：确保无灰尘或异物进入润滑脂中，否则会影响系统。

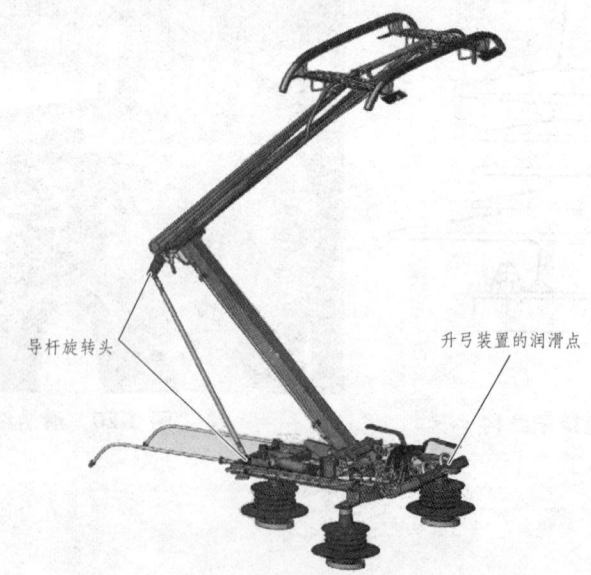

图 3-22　受电弓润滑

七、受电弓故障排查

当受电弓出现故障时,故障排查规程可以帮助检修人员快速查找故障原因,从而按照规程采取补救措施或者找到正确的解决方法。表 3-6 列出了常见的故障现象、故障原因及解决方案。

表 3-6 受电弓故障排查

序号	故障	原因	补救措施
1	受电弓不能升弓	阀板操作受干扰	检查蓄电池电压,电压值至少应为 18 V
			检查磁阀、操作开关处的连接是否松动,如有松动,则应紧固连接
			检查磁阀、操作开关处的连接片是否破损,如有破损,则应更换连接片
			检查节流阀、减压阀、性能阀和 ADD 装置是否漏气,如发现运行缓慢,则应更换相应阀门
		受电弓损坏	检查系统的子组件是否损坏,如损坏,则应更换为新组件
		阻尼器被卡住	检查阻尼器是否损坏,能否自由操作,油封是否破损,如发现以上任一种情况,则应更换阻尼器
		压缩空气气路漏气	检查气囊驱动装置、弓头处自动降弓装置(ADD)的接线是否漏气,如发现漏气,则应对其进行更换
			检查压缩空气绝缘管和管线是否损坏,如损坏,则对其进行更换
		钢丝绳断裂	检查钢丝绳是否破损、股线是否断裂。如有破损或断裂,则应更换钢丝绳
		轴承被卡住	检查轴承能否自由移动、是否出现声音异常和异常发热。如有必要,则应更换轴承
2	受电弓不能降弓	阀板操作受干扰	检查阀板上的节流阀、减压阀、性能阀和 ADD 装置是否漏气,如发现运行缓慢,则应更换相应的阀门
		受电弓损坏	检查系统的子组件是否损坏,如损坏,则更换为新组件
		阻尼器被卡住	检查阻尼器有无损坏,如有必要,则更换阻尼器
		轴承被卡住	检查轴承能否自由移动、是否出现声音异常和异常发热。如有必要,则应更换轴承
		异物阻塞	检查是否存在任何异物,如有异物,则应清除
3	升弓和降弓的运动不畅	轴承被卡住	检查轴承能否自由移动、是否出现声音异常和异常发热。如有必要,则应更换轴承
		阻尼器被卡住	检查阻尼器损坏程度,如有必要,则更换阻尼器

续表 3-6

序号	故障	原因	补救措施
4	电流传输频繁中断	接触压力过低	检查接触压力，如有必要，则进行调整
		受电弓内部摩擦过大	检查受电弓有无损坏，如发现损坏，则更换受损部件
			检查减压阀，如有必要，则将其更换
			需通过润滑喷嘴对导杆和升弓装置进行润滑，应使用推荐的润滑剂
		碳滑板损坏	更换碳滑板
			检查接触网是否损坏，如损坏，则应对其更换
		弓头的横向和纵向弹跳能力	检查纵向和横向弹簧是否损坏。如有必要，则应更换弹簧
		电源软线损坏	更换损坏的电源软线
5	碳滑板磨损不均匀	碳滑板或支架损坏	如有必要，则更换碳滑板或损坏的弓头零件
		碳滑板高度磨损	检查接触压力，如有必要，则进行调整
6	失去车辆对接触网的绝缘	绝缘子受到污染或空气电离引起飞弧	清洁绝缘子
			检查绝缘子上有无裂缝，如发现损坏，则更换绝缘子

1. 受电弓的作用是什么？
2. 受电弓主要由哪些部件组成？
3. 简述受电弓升弓的工作原理。
4. 简述 ADD 的工作原理。

任务二　客室设施一级检修

 学习任务描述

以 CRH380BL 动车组为载体，以客室设施一级检修为驱动，学习动车组供水装置结构、真空集便器和电热开水器的组成、工作原理，掌握真空集便器和电热开水器常见故障的排查、配件更换方法和安全注意事项。

教学实施建议

以学生为主体、教师引导学生完成 CRH380BL 动车组供水装置结构、真空集便器和电热开水器组成、工作原理、检修方法和常见故障的理论学习;一级检修的操作部分教师可带学生到动车所进行现场授课或现场观摩教学。

客室设施为旅客和司乘人员提供旅途的舒适和方便,是旅客和司乘人员在乘坐列车、饮食、卫生、安全和获得信息方面不可缺少的重要装置。

一、供水装置检修

1. 供水装置概述

(1)配置和布局。

CRH380BL 动车组的供水装置在各车的配置和分布情况见表 3-7 和图 3-23。

表 3-7 CRH380BL 动车组的给水装置配置

车号	车上水箱	车下水箱	用水设备
EC01/16 头车	200 L		卫生间、电热开水器
BC09 餐车	120 L	700 L	餐车洗池、电热开水器
VC03 VIP 车	300 L		卫生间、电热开水器、VIP 服务区洗池
其他各车	300 L		卫生间、电热开水器

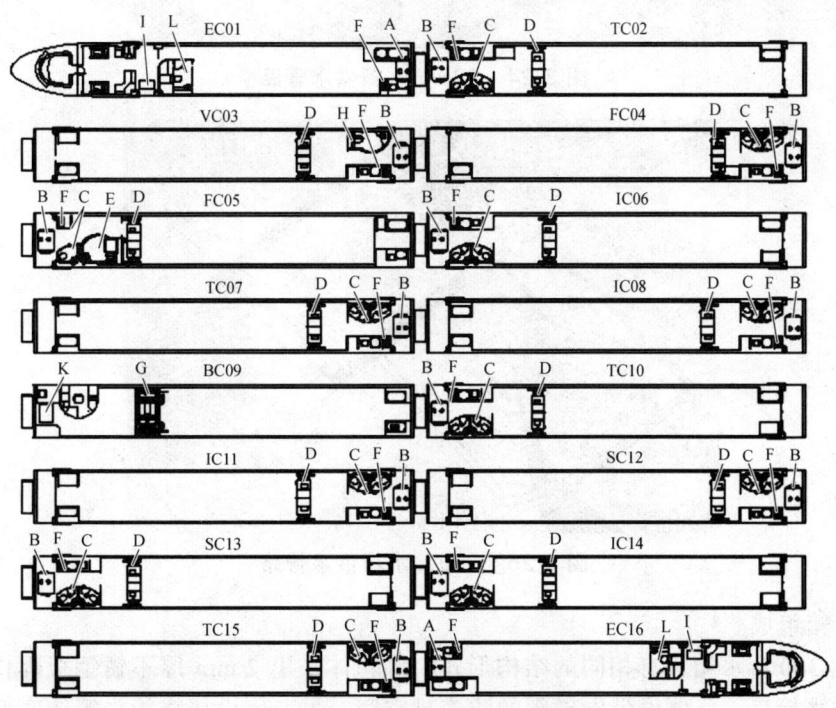

图 3-23 给水卫生装置布置

A—200 L 水箱;B—300 L 水箱;C—标准卫生间模块;D—450 L 污物箱;E—通用卫生间模块组合;
F—电热开水器;G—700 L 水箱;H—VIP 卫生间模块;K—120 L 水箱

（2）供水方式。

CRH380BL动车组供水装置的供水方式有两种：车上水箱重力供水方式、车上和车下水箱组合供水方式。

2. 车上水箱重力供水方式

CRH380BL动车组两端的头车EC01/16车上的200 L水箱、除BC09餐车外的其余各车上的300 L水箱，均采用水箱在车顶的重力供水方式。

（1）供水管路。

供水管路如图3-24和图3-25所示。

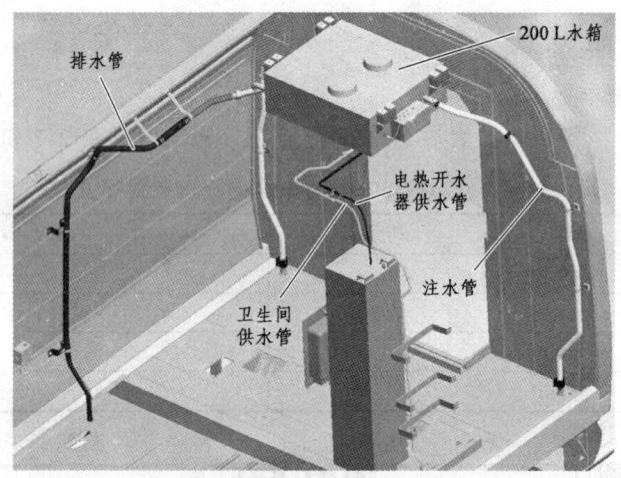

图3-24　200 L水箱供水管路

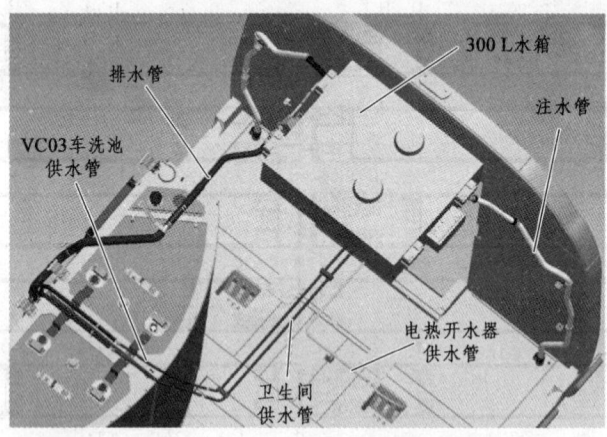

图3-25　300 L水箱供水管路

（2）水箱组成。

200 L、300 L水箱具有相同的结构形式。水箱体采用2 mm厚不锈钢板焊接而成，箱体两端设注水接口，一侧设带电磁阀的防冻排空管，另一侧设接线箱，箱体底部设供水接口和水位传感器，箱体内部设防波板，箱体底部铺设电热毯，同时整个箱体外部粘结防寒材质，如图3-26所示。排水管路上设有电磁阀和排气管，可手动操作电磁阀进行排水。

模块三 动车组运用检修

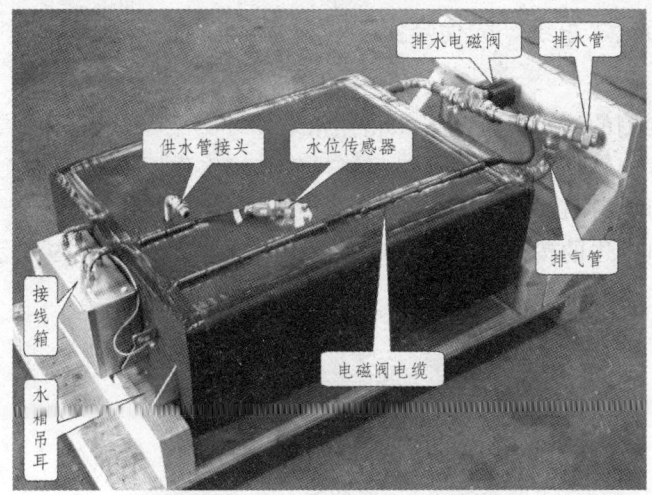

图 3-26 200 L/300 L 水箱组成

（3）水箱位置。

水箱在车顶上的安装位置如图 3-27 所示。

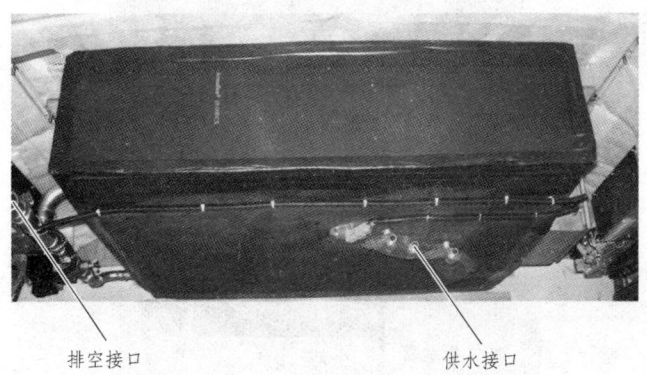

图 3-27 水箱在车顶的位置

（4）注水管路如图 3-28 所示。

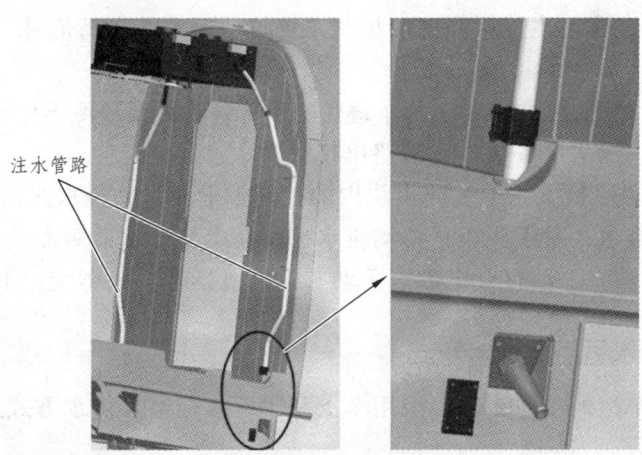

图 3-28 注水管路

3. 重力供水方式水系统一级检修

（1）注水。

① 可从车体两侧的注水口给车上水箱注水。

② 在注水过程中，另一侧注水管路起着排气和溢水作用，避免水箱剩余压力过大，造成水箱损坏，因此严禁两侧注水口同时注水。

③ 按下注水口旁边的按钮，可显示车上水箱的水位，如图 3-29 所示。

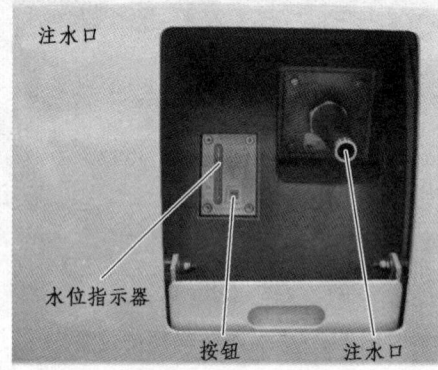

图 3-29　车侧注水口

④ 当水注满时，车上主卫生间内的控制系统显示净水箱充满信号。

（2）排水。

① 在这几种情况下，需要排水：为了避免通水部件在低温环境下停放出现的冰冻危害，出于卫生角度考虑，用水设备或供水管路出现故障。

② 自动排水方法：按下主卫生间模块内的控制板上的自动排水按钮，将打开排水管路上的电磁阀，进行排水；对于头车，自动排水按钮在电热开水器对面的设备控制盘上。

③ 手动排水方法：手动打开电磁阀手动阀柄进行排水，头车洗池下方可手动排水。

4. 车上和车下水箱组合供水方式

CRH380BL 动车组的 BC09 餐车采用车上和车下水箱组合供水方式，其供水原理如图 3-30 所示。

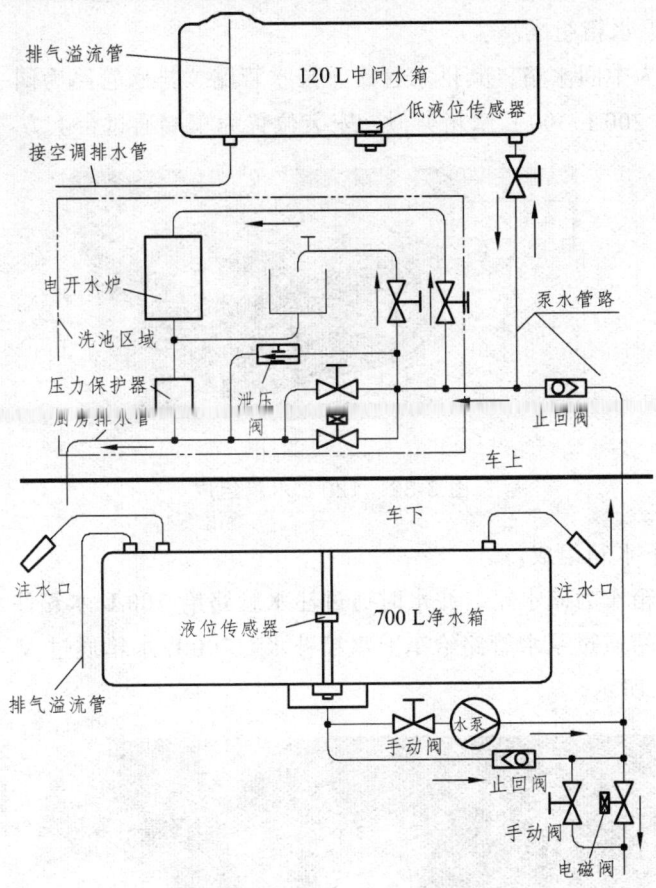

图 3-30 泵水供水原理

在车下设置 700 L 净水箱，在车上设置 120 L 中间净水箱，泵水系统将水从车下 700 L 水箱泵到 120 L 车上中间水箱，中间水箱通过重力向厨房各用水点供水。当 700 L 水箱达到低液位时，泵水系统自动关闭。

（1）供水管路如图 3-31 所示。

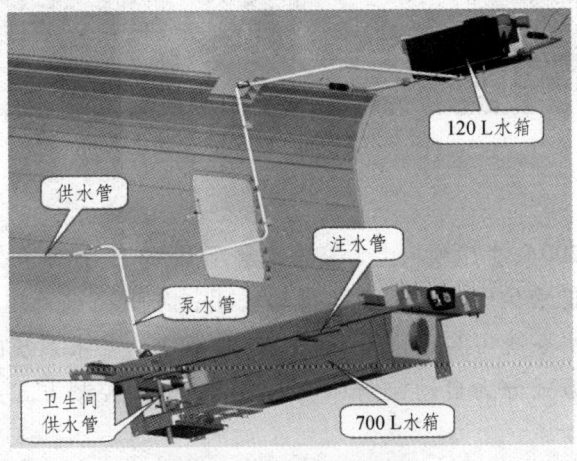

图 3-31 组合供水管路

（2）120 L 车上水箱组成。

120 L 水箱作为中间水箱，其供水管路、泵水管路、排水管路为同一管路，如图 3-32 所示，安装方式与 200 L/300 L 水箱类似，安装位置为车端通过台上方。

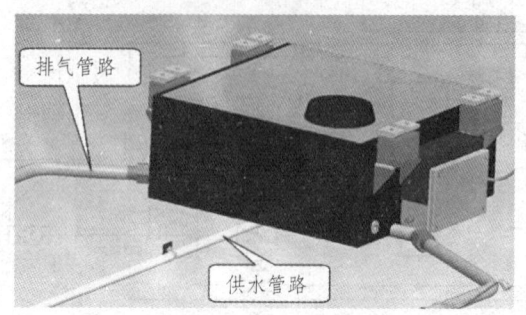

图 3-32　120 L 水箱组成

（3）700 L 车下水箱组成。

车下 700 L 水箱作为储水箱，注水时通过注水管路给 700 L 水箱注水，在 120 L 中间水箱缺水时，储水箱通过泵水管路给车上水箱补水。700 L 水箱通过 V 形安装座与车体边梁连接，如图 3-33 所示。

图 3-33　700 L 水箱安装

（4）泵水控制。

泵水系统安装在 700 L 水箱模块上，它将水从车下 700 L 净水箱泵到车上 120 L 水箱。在 700 L 净水箱达到低液位时，泵水系统自动关闭；当水箱重新注水后，即 700 L 净水箱不是低液位时，泵水系统可自动恢复到正常工作状态。泵水系统的控制系统安装在厨房的控制柜内，控制方式分为自动控制和手动控制，两种控制方式由转换开关进行手动切换。

泵水系统处于自动控制模式下，当车上 120 L 水箱的液位达到低液位时，低液位传感器发出相应的信号启动水泵,向中间水箱供水;50 s 后,水泵停止供水(这个时间内将加注到水箱的 95%)。

泵水系统处于手动控制模式下,司乘人员可通过按下"泵水"按钮启动水泵,向车上 120 L 水箱泵水;50 s 后,水泵停止供水。在厨房内控制单元的面板上设有缺水声光报警指示设备,当 120 L 水箱处于低液位时,低液位传感器发出感应信号,启动报警指示设备。

5. 组合供水方式水系统一级检修

(1)注水。

注水方法和注意事项与车上水箱重力供水系统相同。

(2)排水。

因卫生、防冻、故障等原因需要排水时,可手动或自动进行排水。

① 厨房控制板上的局部防冻排空按钮:将车上水箱、供水管路的存水排空,如图 3-34 所示。

② 厨房控制板上的全部防冻排空按钮:将整个厨房供水系统完全排空。

③ 厨房洗池下方的手动排水阀:手动局部排水。

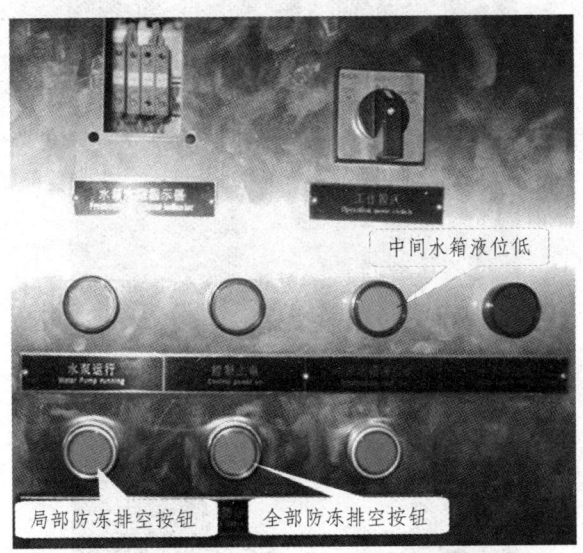

图 3-34 厨房水系统控制板

二、真空集便器检修

1. 卫生间概述

CRH380BL 动车组的卫生间分为四类:

(1)头车卫生间,设置在头车 EC01/16 车上。

（2）VIP卫生间，设置在VC03车上。

（3）通用卫生间模块组合，设置在FC05车上。

（4）标准卫生间模块组合，设置在除BC09和上述车的其余车上。

标准卫生间分为左右间，右间作为卫生系统的主模块（卫生系统的主控制板安装在此间里），左间作为辅间；左右间外部轮廓和内部设施完全一样。

头车EC01/16在车下设置100 L污物箱，其他车型在车下设置450 L污物箱，用于收集卫生间便器内的污物，BC09不设卫生装置。

2. 真空集便器概述

CRH380BL高速动车组采用真空保持式集便装置，如图3-35所示。真空保持式集便装置在工作时是在污物箱建立真空，并利用现有成熟的真空喷射器技术，保持污物箱内的真空度。污物箱采用了真空保持式工作方式，有效消除了冲洗时的抽真空等待时间。工作时，便盆内的污物在污物箱内真空的作用下通过排泄阀抽至污物箱中。数个便器可共用污物箱。便器冲洗效果十分理想，排污效率高，管路污垢较少；但需整个排污系统保持一定的真空度，系统的气密性要求比较严格，能源消耗较大。

图3-35 真空集便器

3. 真空集便器组成

图3-36所示为真空集便器的组成部件。便池液位传感器是为了防止便器盆满，当感应器接触水的时间超过预设时间时，感应器就会反应，这样是为了避免在冲洗和维修工作时产生意外。

模块三 动车组运用检修

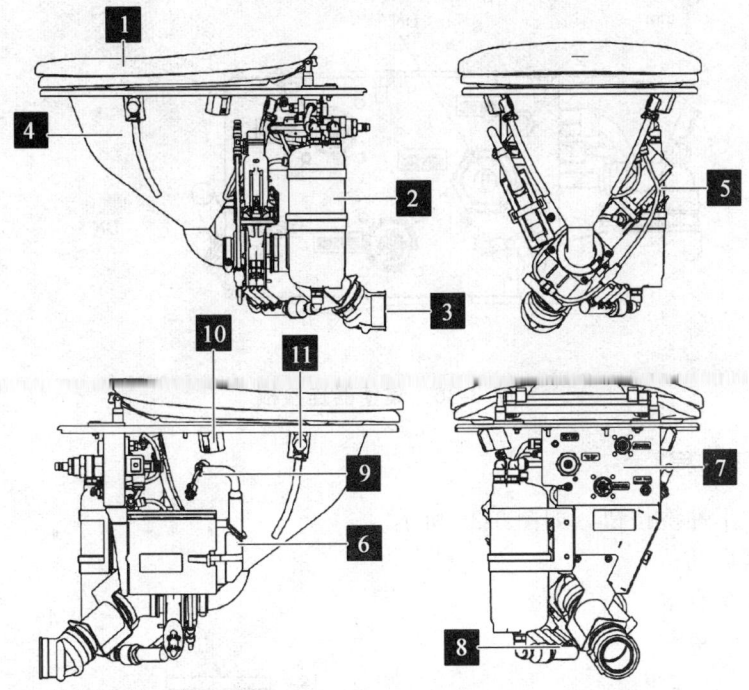

图 3-36 真空集便器组成

1—坐垫和便器盖；2—水增压器；3—排污口；4—便池；5—排污滑阀；6—控制单元；7—连接板；
8—分水器；9—便池液位传感器；10—吸附保护；11—冲洗喷嘴

4. 排污滑阀

滑阀可打开连接便器盆和污物箱的管道，滑阀打开的尺寸跟管路相同，保证所有污物运送到污物箱而不被堵塞。滑阀上配有自洗装置，其结构如图 3-37 所示。

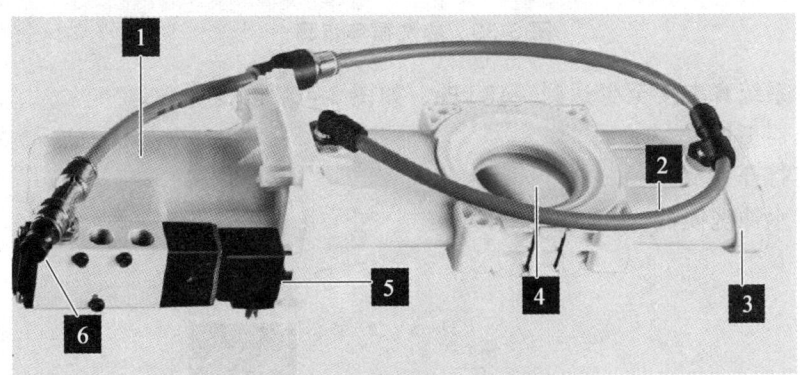

图 3-37 排污滑阀结构

1—气动短冲程气缸；2—自洗装置；3—滑动单元；4—滑动单元；
5—5/2 电磁阀；6—喷嘴插口

5. 连接板

集便器连接板如图 3-38 所示。

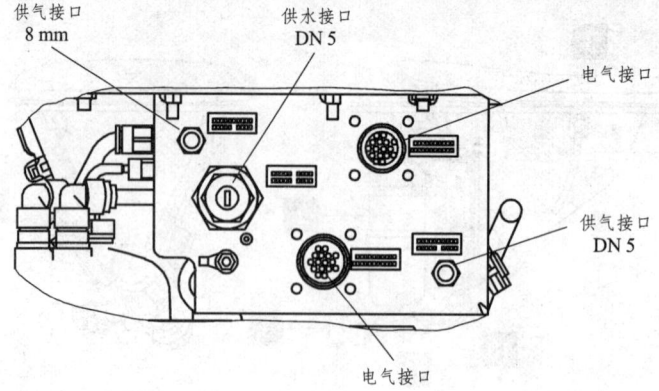

图 3-38 集便器连接板

6. 冲洗循环过程

步骤一：按下冲洗按钮，如图 3-39 所示。
（1）喷射器启动；
（2）系统产生真空。

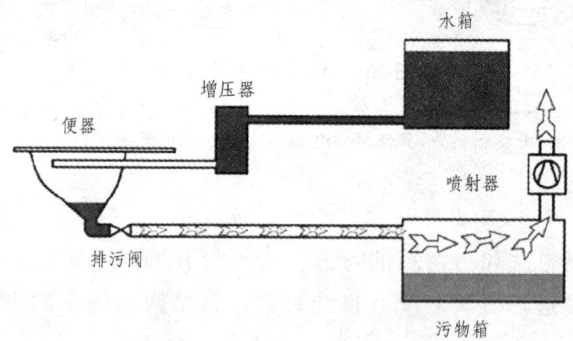

图 3-39 冲洗循环步骤一

步骤二：系统真空度至少达到 -18 kPa，如图 3-40 所示。
（1）增压器工作；
（2）水阀打开；
（3）高压水冲洗便器。

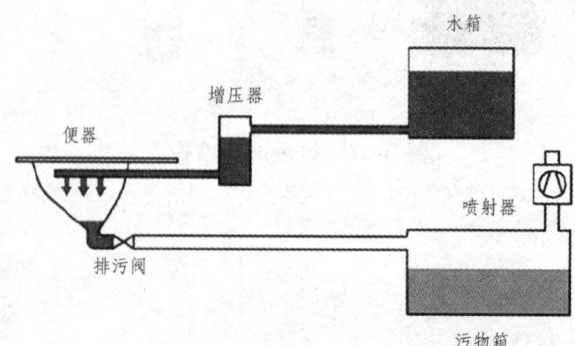

图 3-40 冲洗循环步骤二

步骤三：排污阀打开，如图 3-41 所示。
（1）同时喷射器、水阀和水增压器停止工作；
（2）便器内的污物被转送到污物箱。

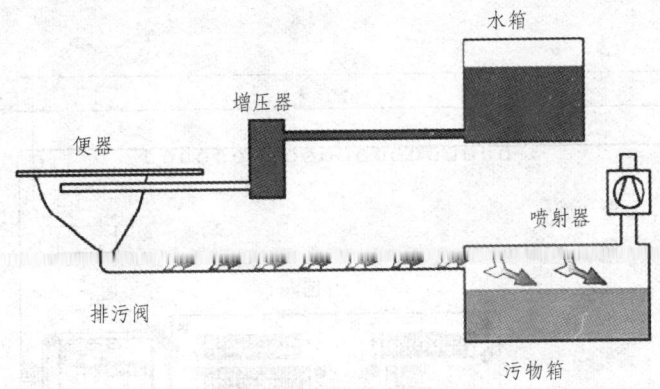

图 3-41　冲洗循环步骤三

步骤四：便器恢复最初水位，如图 3-42 所示。

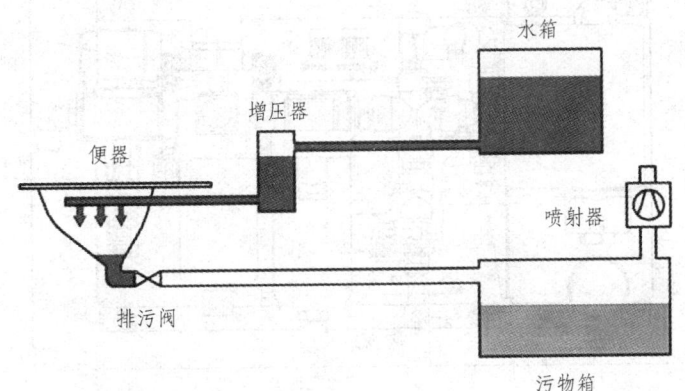

图 3-42　冲洗循环步骤四

步骤五：系统转到待命状态，排污阀关闭，如图 3-43 所示。

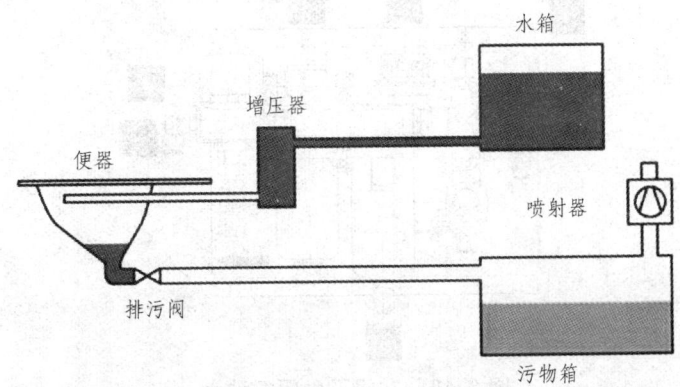

图 3-43　冲洗循环步骤五

7. 左间控制板

左间控制板是卫生间电气系统的连接板，标准左控制板增加了一个连接压缩气体的界面（气动盘）和一个真空开关盘。控制板与 RS-Box 相连能及时显示系统状态，如图 3-44、图 3-45 所示。

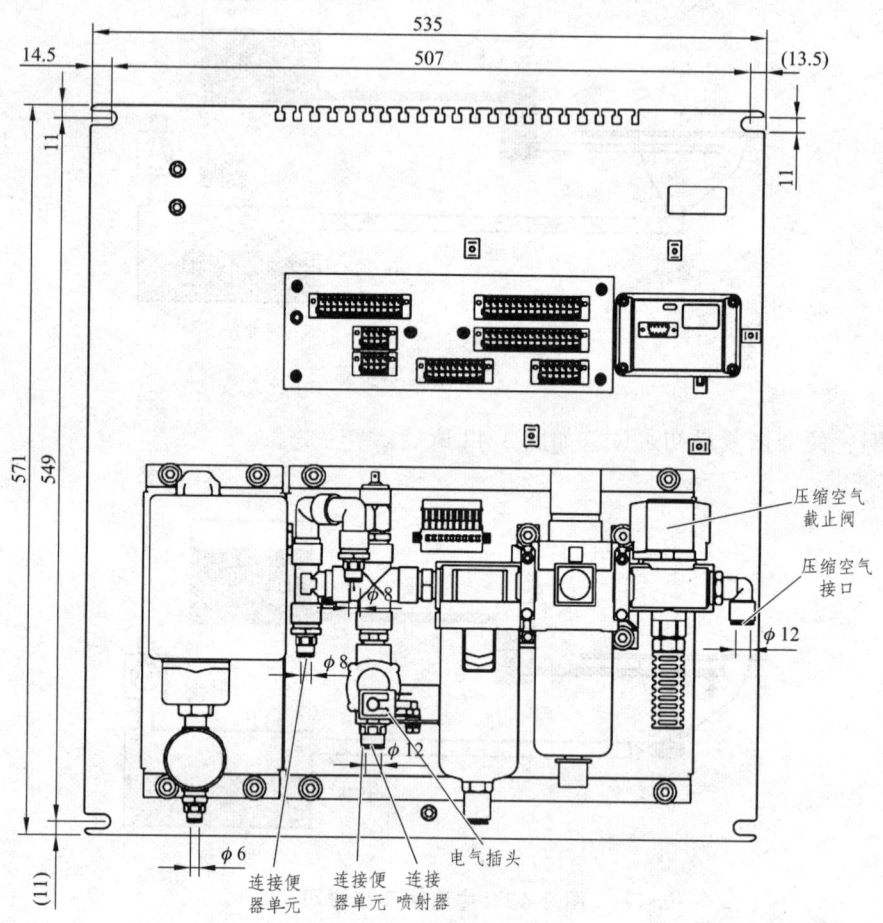

图 3-44　左间卫生间控制板

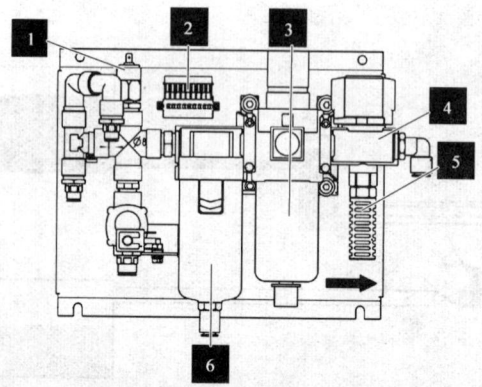

图 3-45　左间卫生间气动盘

1—压力开关；2—接线端子；3—过滤器/压力调剂器；4—截止阀；5—消音器；6—过滤器

8. 集便器初始运行

便器系统初次使用后会进行自检：
（1）检查冲洗情况（完全均匀地冲洗便器盆）。
（2）禁止有水溅出便器盆。
（3）滑阀迅速打开和关闭并且能听到。

初次自检之后，便器系统工作前开关处于待命状态。

9. 清洁和去污

可使用中性清洁剂、温水和洗厕刷清洁便器，清洁之后在便器盆内倒入4%的柠檬酸再以冲洗。

注意：便池表面为特氟龙涂层，禁止清洁时用力擦或刮伤；禁止清洁或操作真空便器组件时使用强酸或使用含氯的清洁剂。

10. 故障排查

表3-8列出了真空集便器的常见故障、原因及处理措施。

表3-8 真空集便器常见故障及处理

序号	故障	原因	措施
1	污物箱满	污物箱满	排空污物箱
		污物箱内的液位感应器失效	检查功能，需要时更换
2	未达到真空	没有关闭排污阀	检查出口阀处的压缩气体是否工作
		喷射器堵塞	清洁喷射器
		机械排空污物箱时泄漏	关闭机械排空装置/检查垫圈
3	便器盆满	便器盆和污物箱之间的管道堵塞	去除堵塞物
		排污阀不能打开	检查压缩气体是否工作
4	无水	出口阀关闭	打开出口阀
		清水箱空	清水箱注入
		水压力调节阀失效	更换水压力调节阀
		电磁阀失效	清洁，必要时更换
		排放阀失效	清洁，必要时更换
5	排污阀没有打开	排污阀堵塞	去除堵塞物
		压缩空气泵失效	更换
		液位感应器的位置安装不正确	正确安装
		液位感应器失效	更换
		没有压缩气体	检查气源

续表 3-8

序号	故障	原因	措施
6	冲洗循环没有开始	污物箱满	清空污物箱
		没有电	检查电源
		没有压缩空气	检查气源
		冲洗按钮失效	更换
		没有水供应	检查水源
7	便器盆没有冲洗充分	水过滤器堵塞	清洁水过滤器
		冲洗喷嘴堵塞	清洁冲洗喷嘴，调节
		水增压器没有提供足够的水	检查电磁阀

11. 防冻排空

（1）排空条件。

当动车被放置于寒冷的温度下（≤0 ℃）时，真空集便器需要进行紧急防冻排空，排空是为了防止冰冻损坏部件。

（2）所需工具和容器。

a. 十字头螺丝刀；

b. 四角钥匙；

c. 手电筒或头灯；

d. 塑料水桶 5 L；

e. 塑料水杯 0.2 L（高度≤70 mm）；

f. 塑料托盘 250 mm × 400 mm，深度大约 10 mm。

（3）排空步骤。

a. 用四角钥匙打开便器单元上部的维修检查门；

b. 卸下便器罩上的两个螺丝；

c. 移去便器罩；

d. 从连接板上拔下连接水供应的快速插头（见图 3-38 集便器连接板）；

e. 把螺丝刀插到快速接头内将水管内残留水放出；

f. 按住冲洗水箱和三个冲洗阀之间的连接环；

g. 用水杯收集水（大约有多达 1.5 L 残留水）；

h. 完成后再次连接三个冲洗阀，重启系统前，确定所有的连接是牢固可靠的；

i. 安装并紧固罩板上的两个螺丝，用四角钥匙锁上维修检查门。

三、电热开水器检修

1. 电热开水器概述

CRH380BL 动车组除 BC09 餐车之外的其他车上安装有电热开水器。根据安装位置不同,电热开水器分为 A 型和 B 型两种。A 电热开水器型安装在 EC01/16、FC05 车上,其检修门在炉体右侧;B 型电热开水器检修门在炉体左侧。A 型和 B 型的结构和工作原理相同。图 3-46 所示为电热开水器的用户接水面板。

图 3-46 电热开水器接水面板

电热开水器的特点有:

(1)该机具有缺水保护功能,在列车运行过程中所有控制自动进行,当机器出现故障或列车供水水箱缺水时,干烧信号灯闪烁,电热开水器会自动停止烧水。

(2)烧水箱和储水箱分开,生水与开水绝无混合,提供纯正开水。

(3)当电热开水器环境温度<4 ℃ 或>45 ℃ 时,电热开水器自动处于保护状态,并停止工作。

(4)电热开水器在供水入口的附水箱前加装了除垢装置,延长了电热管及水箱的维修保养周期。

(5)在通电条件下,电热开水器可以在整个列车运行期间,保持水温>80 ℃。

(6)电热开水器设置有排水按钮,列车运行结束后可按压排水按钮自动打开排水电磁阀,水经底部管子流出。

2. 电热开水器水系统原理

如图 3-47 所示,电热开水器由附水箱、加热水箱(烧水箱)和储水箱组成,储水箱与用户接水面板上的出水水嘴相连,如图 3-48 所示。车上水箱通过供水管路对电热开水器供水,水经过除垢装置净化,进入附水箱,如图 3-49 所示。

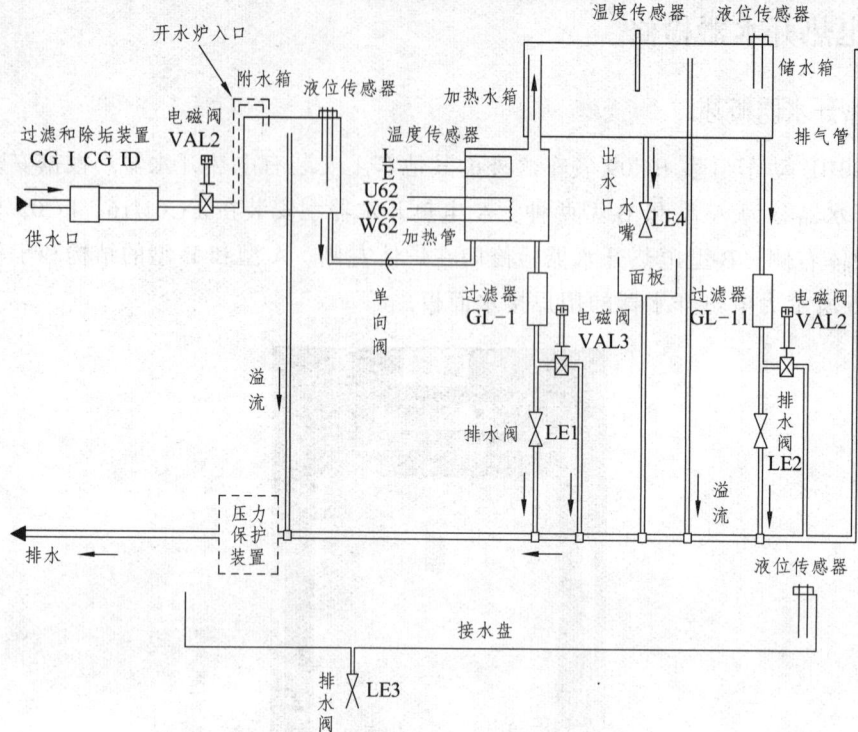

图 3-47 电热开水器水系统工作原理

图 3-48 供水和电气指示连接

图 3-49 进水电磁阀和除垢装置

加热水箱和储水箱均设置有排水电磁阀和手动排水阀，如图 3-50 所示，排水阀手柄处于与排水阀完全垂直位置为关，平行为开。排水管在电热开水器的底部，经过压力保护装置后连接到空调排水管上，如图 3-51 所示。

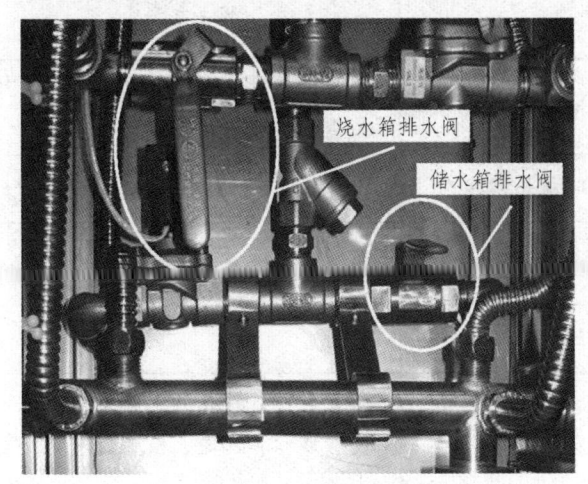

图 3-50　排水阀手柄位置

图 3-51　排水管的连接

3. 电热开水器主要技术参数（见表 3-9）

表 3-9　电热开水器的主要技术参数

项目	数值	备注
额定电压（V）	440 V/60 Hz（427 V 467 V） 380 V/50 Hz（367 V 407 V） 345 V/47 Hz（332 V 372 V）	三相三线制，无中线
加热功率（kW）	4.8	在交流 440 V 条件下
总功率（kW）	5	在交流 440 V 条件下
产水量（L/h）	≥40	
出水温度（℃）	≥95	
开水储水量（L）	≥18	有效容积
外形尺寸（mm）	380×380×1 820	不含接水面板
重量（kg）	85	
电压允许波动值	+6%～-3%	
使用环境	车内温度 4 ℃ 以上，相对湿度≤95%。外部温度 -25 ℃～+40 ℃，最大海拔高度 1 500 mm	

4. 面板指示灯的工作状态（见表3-10）

表3-10　面板指示灯工作状态

电源 Power	加热 Hot	缺水 Unfilled	信号含义	解决方案
○			电热开水器电源关闭状态	确信电热开水器电源状态为开，然后检查断路器Q1是否打开
●			电热开水器电源关闭状态	
✷			环境温度<4 ℃或>45 ℃	等到电热开水器温度在4~45 ℃
	●		电热开水器工作	
	✷		防干烧保护发现故障	断开电源，检查附水箱到烧水箱之间的管路和单向阀，检查烧水箱是否有水
		●	附水箱排空，供水中断	检查附水箱是否有水
		✷	数字传感器故障	检查传感器插头和接线，更换温度传感器
✷	✷		水位传感器检测到底盘有水，发生泄漏	关闭断路器Q1，检查所有阀门和管路，查找并维修泄漏处，用棉纱清除盘中水，完成打开断路器Q1
✷	○	✷	强制排空启动	

说明：表中○表示指示灯不亮，✷表示指示灯闪烁，●表示指示灯常亮。

5. 电热开水器排水

（1）排水条件。

在下列三种情况下，电热开水器必须进行强制排空：

① 防冻排水。在冬天列车没有停放加热时，为避免电热开水器的水结冰而损坏管道，需进行排水。

② 卫生因素，替换开水炉中的水（如开水炉有几天没有工作，并且之前没有排水）。

③ 因维修或维护工作排水。

（2）排水方法和步骤。

① 如图3-52所示，在电热开水器箱体上设置有排水按钮，按下该按钮至少3 s，确认"电源"及"缺水"指示灯快闪，则表示排水开始，排水过程持续时间是15 min。

图 3-52 排水按钮

② 15 min 以后,"电源指示"及"缺水指示"应该慢慢闪烁,表示排水成功。如果 3 个指示灯都快速闪烁,则按照表 3-10 所列含义检查故障。

③ 排水过程完成后,必须按下接水面板上的水龙头手柄,排掉水龙头管道中的水。

④ 确认电热开水器的储水箱已经成功排空。如果储水箱中还有许多水,说明排水管道中的过滤器堵塞了,使得不能排空,必须对堵塞部位进行清理。

(3) 排水安全事项。

① 在排水之前,如果车上水箱不是空的,则开水炉不能完全排空,因此要注意确认车上的净水箱已经排空。

② 电热开水器的热水将排到车厢以下的轨道上。如果排水过程是在车站进行,则应注意确保车厢下面没有人,以免热水灼伤!

6. 更换电源转换模块

图 3-53 所示为电热开水器的电源转换模块。控制模块电源灯不亮或在电磁阀给出吸合信号的情况下,应检查电磁阀上有没有电压。拔下输出插头,电源灯亮,而 5 V、12 V 指示灯有不亮的,可以确认电源转换模块故障。更换电源转换模块的方法如下:

(1) 切断电源;
(2) 取下电源走线槽盖板;
(3) 拔下电源输出插头;
(4) 拆下漏电传感器输入电源;
(5) 拆下控制板模块 4 个插头;
(6) 取下固定控制板模块 4—M4 螺帽、垫圈;
(7) 取下控制板模块;
(8) 拆下 4—M4 螺杆;
(9) 取下电源转换模块;
(10) 换上电源转换模块备件;
(11) 依上述相反顺序恢复;
(12) 通电检查电源转换模块上 3 个灯是否变亮。

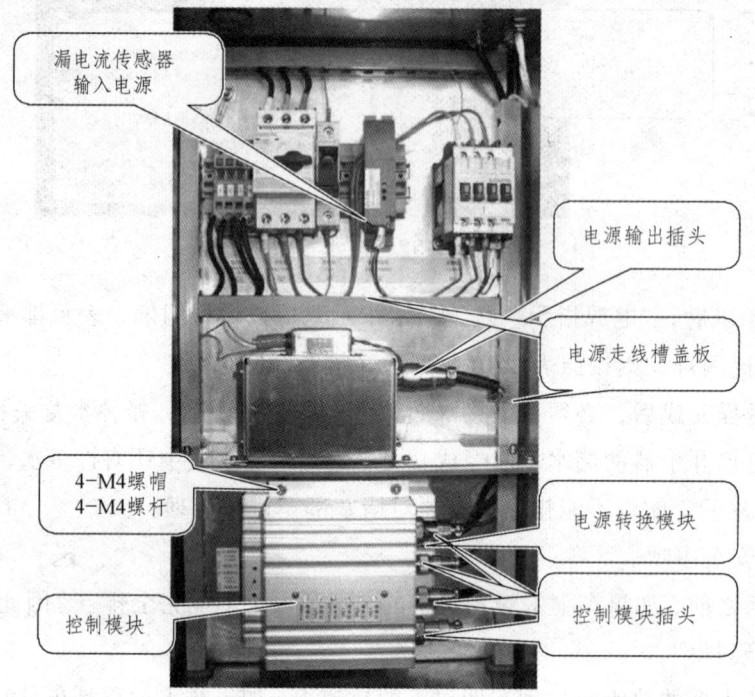

图 3-53　电源转换模块

7. 更换变压器组件

如图 3-54 所示为变压器组件。当电热开水器开机后,在确认供电正常、保险丝没有损坏的情况下,电源转换模块上面的 3 个灯都不亮,可以确认为变压器组件故障,更换方法为:

(1) 切断电源,取下绝缘套管,拆下 2—M3 螺母及垫圈,取下两根电源线;
(2) 拔下电源输出插头;
(3) 拆下 4—M4 螺钉及垫圈;
(4) 换上备件,重新装上绝缘套、电源线,插上电源输出插头;
(5) 通电检查,看电源转换模块上 3 个灯是否变亮。

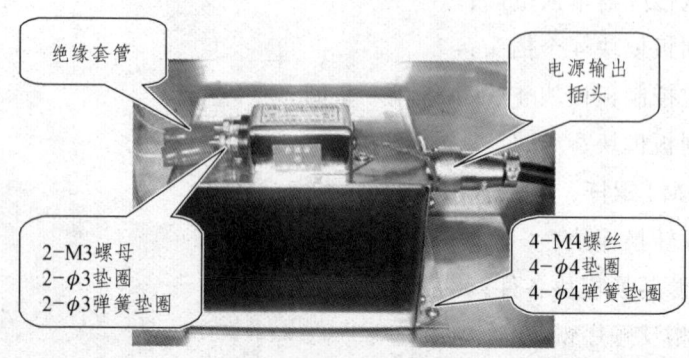

图 3-54　变压器组件

8. 更换控制板

图 3-55 所示为控制模块，更换条件为：

（1）在电源模块正常情况下，通电后，若无初始化过程，即 3 个灯同时闪烁 3 次；

（2）在电源模块正常情况下，通电 1 s 后，电源灯不亮。

图 3-55　控制板模块

更换方法为：

（1）拆下 4 个控制板模块插头；

（2）拆下 4—M4 螺帽、垫圈；

（3）取下控制板模块，换上备件；

（4）重新装上 4—M4 螺帽，垫圈固定好；

（5）插上 4 个控制板模块插头；

（6）通电检查，电源灯亮时，工作应正常。

9. 检修水位传感器

图 3-56 所示为附水箱和储水箱水位传感器，图 3-57 所示为接水盘水位传感器。按以下方法检修各类传感器：

（1）检查接线。

打开传感器盖，检查接线螺钉是否有松动、脱落现象，若有，则重新紧固接线螺钉。

（2）检查电极。

① 打开传感器盖；

② 拆下接线的螺钉；

③ 拆下传感器座；

④ 检查电极是否有松脱现象；

⑤ 将电极紧固好；

⑥ 按相反顺序恢复。

附水箱水位传感器　　　　　储水箱水位传感器

图 3-56　附水箱和储水箱水位传感器

图 3-57　接水盘水位传感器

10. 更换进水电磁阀

在无电源的情况下，进水电磁阀应该关闭；而在通电情况下，进水阀应该打开。出现以下两种情况时，应该更换进水电磁阀：

（1）不通电时，进水电磁阀不能完全关闭；

（2）通电时，进水电磁阀不能打开。

更换进水电磁阀的方法：

（1）关闭电源，关闭进水阀门；

（2）拆下进水电磁阀进线插头；

（3）拆下 G1/2 金属软管接头，拆下 G1/2 缩节，取下进水阀组件；

（4）拆除进水电磁阀两端 G1/2 短丝；

（5）更换电磁阀（或维修电磁阀）；

（6）重新装好，打开进水阀门，通水、通电时各接头不得漏水。

11. 更换排水电磁阀

图 3-58 所示为排水电磁阀。在无电源的情况下，排水电磁阀关闭。在电热开水器中的水被排干，或者储水箱中存有冷水，需要替换为热水时，排水电磁阀打开。如果某一排水电磁阀无法打开，则应更换。更换附水箱和储水箱排水电磁阀的方法相同，步骤为：

（1）拆除烧水电磁阀上的进线插头；
（2）拆除与烧水电磁阀出口相连的 G1/2 内外丝接头上的 G1/2 金属软管接头；
（3）取下电磁阀，更换备件；
（4）按图示位置重新装好，各接头不得漏水。

图 3-58　排水电磁阀

12. 检测防干烧温度传感器

图 3-59 所示为防干烧温度传感器。其检测方法为：拆下热敏电阻接插件插头，松开 M16×1.5 螺母，取出防干烧温度传感器，待回到室温后，测量两根导线电阻值，应为 $(100\pm20)\mathrm{k}\Omega$，如超出阻值范围，则表明防干烧温度传感器已损坏，需进行更换。

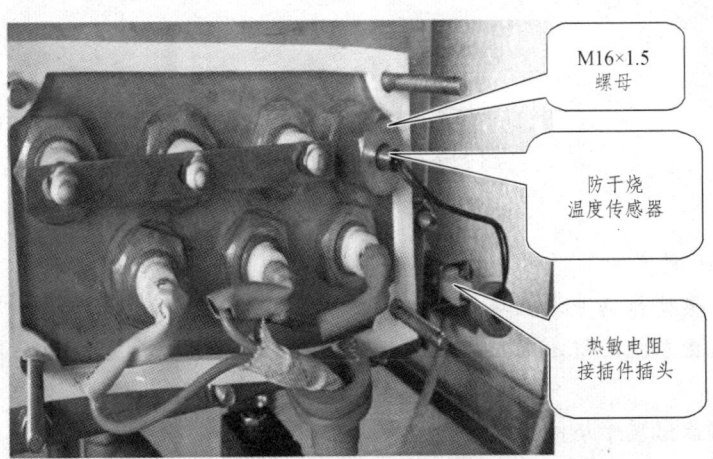

图 3-59　防干烧温度传感器

13. 检修储水箱温度传感器

缺水灯闪,说明数字温度传感器故障,应检查数字温度传感器插头,如图 3-60 所示。如果接线正常,即可判断是数字温度传感器故障。其更换方法是:

(1) 拆下数字温度传感器插头、M16×1.5 螺母;

(2) 更换新的数字温度传感器;

(3) 按与拆卸相反的顺序装上。

图 3-60　储水箱数字温度传感器

14. 清洗接水面板

面板的表面是磨砂喷丸的,为了保持表面的造型美观,要避免使用可引起划伤的任何物品。擦拭时应使用软布或海绵。虽然面板由不锈钢制造,但为了避免腐蚀的危险,应使用碱性清洗剂清洗。

15. 清洗面板内托盘

为了清除托盘内的废物和其他沉淀物,必须定期拆下穿孔的金属板(时间间隔可根据实际运用确定)。必须确保面板的排水不要堵塞,如果排水堵塞,则应拆下面板的排水管并清洗面板的出水口。

1. CRH380BL 动车组的供水方式有哪几种?

2. 简述真空集便器的冲洗循环过程。

3. 电热开水器系统的附水箱、加热水箱、储水箱的作用是什么?各水箱之间的供水是如何控制的?

4. 电热开水器出现干烧故障时应如何处理?

任务三　设备舱日常维护

 学习任务描述

以 CRH380BL 动车组为载体，以牵引设备和辅助供电设备的日常维护为驱动，学习动车组牵引变压器、牵引变流器、辅助变流器等室外主要用电设备的功能、结构和电路原理，了解设备舱日常维护方法、常见故障处理和安全注意事项。

 教学实施建议

以学生为主体、教师引导学生完成 CRH380BL 动车组车外用电设备的结构、部件功能和日常维护方法的理论学习；日常维修的操作部分教师可带学生到动车所进行现场授课或现场观摩教学。

CRH380BL 动车组由 16 节车组成，前、后半列车（8 辆）由不同受电弓从接触网受流，高压、中压和低压供电部分不贯通。全列由四个牵引单元组成，分别属于两个独立的高压系统，同一系统内通过车顶电缆连接：

系统一：01 车到 04 车、05 车到 08 车；

系统二：09 车到 12 车、13 车到 00 车（16 车）。

一、牵引变压器日常维护

1. 牵引变压器概述

CRH380BL 动车组的牵引变压器（主变压器）为单制式的变压器，额定电压为单相 AC 25 kV/50 Hz，安装在 TC02、TC07、TC10、TC15 的车下设备箱（每个牵引变压器车的车顶安装有受电弓），如图 3-61、图 3-62 所示。牵引变压器将 25 kV/50 Hz 的一次电压降至供 4 个牵引绕组使用的 1 850 V/50 Hz 的二次电压，它的次级绕组为牵引变流器提供电能。

图 3-61　牵引变压器箱

图 3-62　牵引变压器整体外形图

主变压器油箱为钢结构，采用强迫导向油循环风冷方式。为防止矿物油的热胀冷缩，需要安装一个储油柜，储油柜独立于油箱，固定在列车的上部。储油柜和油箱是通过管道及连接器连在一起的。

CRH380BL 动车组牵引传动系统采用 8 动 8 拖的动力配置，全列由 4 个牵引单元组成，每个牵引单元由 1 台变压器、2 台变流器和 8 台牵引电机组成，全车共计 32 台牵引电动机，如图 3-63、图 3-64 所示。

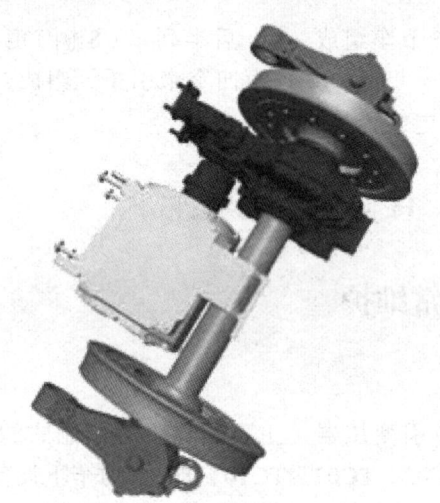

图 3-63　CRH380BL 牵引电机图示

图 3-64　CRH380BL 牵引供电设备配置

2. 牵引变压器技术参数（见表 3-11）

表 3-11　牵引变压器的主要技术参数

额定功率	5 848 kV·A
额定电压，初级	25 kV
额定频率	50 Hz
牵引绕组数目	4
牵引绕组额定功率	4×1 462 kV·A
牵引绕组额定电压	1 844 V
产品标准	EN 60310
环境温度	−25～+40 ℃
重量	6.4 t

3. 牵引变压器日常维护（见表 3-12）

表 3-12　主变压器的常规检查项目及处理

编号	检查项目	判定基准	异常处置
1	外观检查，部件有无损伤、漏油	无异常	修理损伤、漏油部位
2	卸压阀有无动作痕迹、有无漏油	无异常	存在动作痕迹时调查详细原因
3	油泵、送风机回转时有无异常声音、异常振动。存在异常声音时，使用声波探测器等确认声源	无异常，与同编组的其他变压器进行比较	检查紧固部分有无松动、轴承有无损伤等，查明原因后实施相应的处置
4	电动送风机金属网过滤器和整风栅板的污物附着状态和清扫情况	检查金属网过滤器和整风栅板的污物附着状态	换班检查时打开侧面塞板的外罩，检查金属网过滤器和整风栅板的污物附着状态。每 2～3 个换班检查时期清扫 1 次。温度继电器动作时进行清扫
5	油冷却器堵塞检查和清扫情况	油冷却器入风口前面面积堵塞 10%～20%	换班检查时通过冷却器的清扫（检查）口检查堵塞状态。全班检查时必须进行清扫。温度继电器动作时进行清扫
6	橡胶护套、保护外罩密封圈等有无老化、龟裂	无异常	更换
7	测量介质损耗角正切。用逆西林电桥进行以下测定：原边-牵引/辅助/接地间；牵引-原边/辅助/接地间；辅助-原边/牵引/接地间。同时记录油温	超过 1% 时需加以注意，并积累数据，用以观察推移趋势	结合绝缘电阻进行研究。怀疑绝缘已经劣化时，实施油分析等详细调查

续表 3-12

编号	检查项目	判定基准	异常处置
8	测定绝缘电阻： 主电路使用 1 000 V 兆欧表进行测定；辅助回转机和继电器电路使用 500 V 兆欧表进行测定。同时记录油温、湿度	下述值以上： 原边-接地间 25 MΩ； 牵引-接地间 0.5 MΩ； 辅助-接地间 0.3 MΩ； 原边-牵引间 25 MΩ； 原边-辅助间 25 MΩ； 牵引-辅助间 0.5 MΩ； 辅助旋转机、继电器电路-接地间 0.3 MΩ	端子台、配线有无污损、闪络。怀疑变压器内部存在异常时，实施油分析等详细调查
9	绝缘耐力试验： （1）原边-牵引/辅助/接地间。 　　42 kV×1 min （2）牵引-接地间。 　　5 400 V×1 min （3）辅助-接地间。 　　2 900 V×1 min （4）泵电路-接地间。 　　1 000 V×1 min	绝缘无破坏	调查原因，实施对策；更换变压器
10	原边接地侧（V）端子接地，从牵引绕组施加电压，然后使原边线路端感应出以下电压： 150 Hz 时：38 kV×7 min 或 42 kV×3 min； 200 Hz 时：38 kV×5 min 或 42 kV×2.5 min	绝缘无破坏	调查原因，实施对策；更换变压器
11	绝缘油耐压试验和油分析； 耐压试验依据 JIS C 2101 实施； 水分测定依据 JIS K 0068 实施； 其他分析分别依据规定的方法实施	绝缘破坏电压在 30（kV/2.5 mm）以上，含有水分量 60 ppm 以下	更换绝缘油

4. 清扫金属网过滤器

电动送风机送出冷却风时，从吸入口吸入的污物将会进入冷却装置中，从而导致油冷却器热交换能力降低。金属网过滤器可起到过滤污物的作用。

清扫金属网过滤器的方法是：

（1）取下位于电动送风机侧面的车体侧塞板。

（2）松开卡紧在电动送风机法兰上的 3 个固定圈卡爪，然后取出金属网过滤器。

（3）用尼龙刷或真空吸尘器清扫过滤器。

（4）按照上述步骤的反过程安装过滤器。

5. 更换温度继电器

更换温度继电器（见图 3-65）时无需抽干变压器主机的绝缘油，更换方法为：

（1）移开橡胶线夹，卸下引线。（螺栓为 M4）

（2）用扳手夹紧锁紧螺母，然后松开定位螺母。

（3）用手握住温度计指示部，然后松开锁紧螺母，拔出感温部分，注意拉拔力不要太大。安装步骤与上述步骤正好相反。注意：不要使感温部分承受太大的弯曲、扭曲应力。

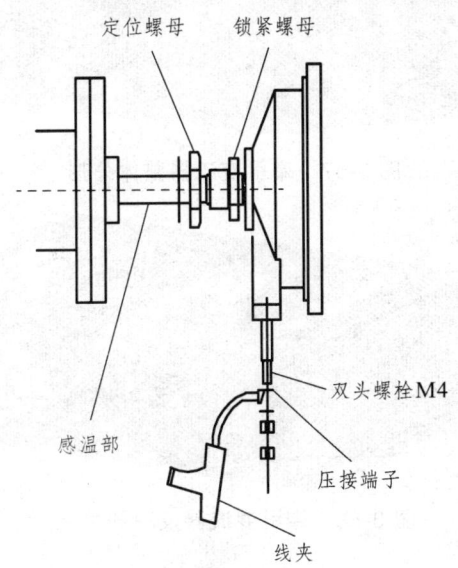

图 3-65 温度继电器的更换图示

二、牵引变流器日常维护

1. 牵引变流器概述

牵引变流器安装在动车组每个动车的车下牵引设备箱中，采用风冷方式冷却，如图 3-66、3-67、3-68 所示。每一个牵引变流器由 2 个四象限斩波器（4QC）、1 个带串联谐振电路的中间电压电路、1 个过压限制器（MUB）以及 1 个脉冲宽度调制逆变器（PWMI）组成。在变流器中使用的半导体是具有 6.5 kV 关断电压的水冷 IGBT。牵引变流器的输入线路接触器由牵引控制单元 TCU 控制。

图 3-66 牵引变流器箱

图 3-67 牵引变流器整体外形

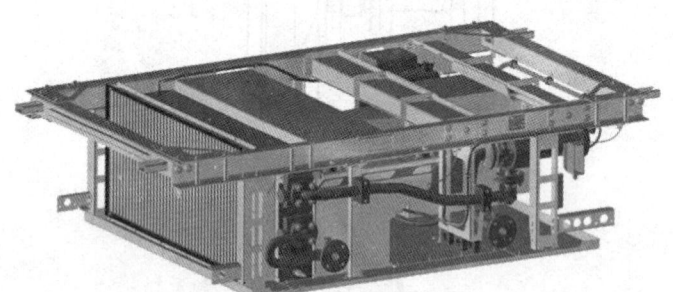

图 3-68 牵引变流器及冷却单元

图 3-69 和图 3-70 所示为牵引变流器的电气接口实物和电路图。

图 3-69 牵引变流器电气接口

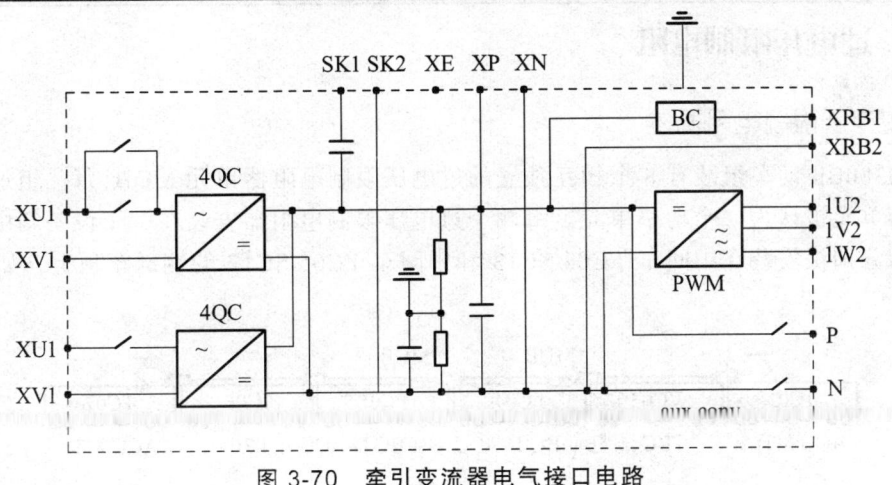

图 3-70　牵引变流器电气接口电路

2. 牵引变流器技术参数（见表 3-13）

表 3-13　牵引变流器及冷却单元技术参数

牵引变流器的相关参数	
4 象限斩波器的输入频率	50 Hz
4 象限斩波器的输入功率（在牵引电机最大频率下：标称输入电压以及最大输出功率）：	
4 象限斩波器的输入功率（牵引状态）	约 $2 \times 1\,484$ kV·A
4 象限斩波器的输入功率（制动状态）	$2 \times 1\,100$ kV·A
串励谐振电路电容	约 4.42 Mf
串励谐振电路感应系数（带冷却系统）	约 0.603 mH
中间电路电容	约 3.0 mF
中间电路电压（牵引）	约 $3\,200 \sim 3\,600$ V
中间电路电压（制动）	约 $3\,350 \sim 3\,500$ V
PWMI 的输出功率（牵引工况）	约 2 500 kW
PWMI 的输入功率（制动工况）	约 2 200 kW
输出电压	3AC $0 \sim 2\,800$ V
额定输出频率	$0 \sim 200$ Hz
牵引变流器冷却单元的相关参数	
冷却类型	水冷
冷却泵数量	1
冷却风扇数量	2
散发的热量	大概 65 kW（进入冷却空气的温度为 40 ℃）
冷却液回路	冷却空气输入温度：40 ℃ 冷却空气质量流速：4.8 kg/s 冷却空气体积流量（40 ℃/1 500）：5.0 m³/s 冷却介质体积流量：190 l/min 设计高度：海拔高度 1.500 m 冷却液输出温度：57 ℃

三、过电压限制电阻

1. 过电压限制电阻概述

CRH380BL 动车组装有 8 个相互独立的过电压限制电阻器单元 MUB,每一组过电压限制电阻器单元被认为一个功率单元。每两个过电压限制电阻器安装在一个设备箱中,这 4 个设备箱分别被安装在中间车 FC04/SC13 和中间车 FC05/SC12 的端部车顶上,如图 3-71 所示。

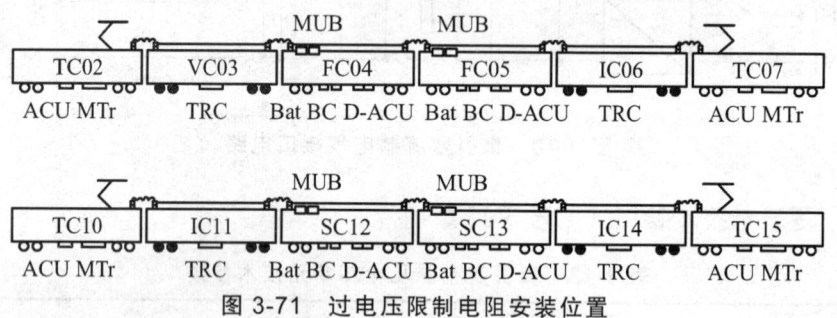

图 3-71 过电压限制电阻安装位置

2. 过电压限制电阻的功能

过电压限制电阻连接在牵引变流器 TRC 的中间回路中,当中间回路的电压过高时,可接通过压限制电阻器来降低牵引中间电路中的电压,以防止损坏牵引电路的功率半导体器件。

当电制动所产生的能量不能被弓网吸收时,过电压限制电阻器会及时地将这些能量转换成热能。过电压限制电阻单元设有特殊形状的外罩,用于提供列车的空气动力学性能以及避免天气的影响,外罩上设有用于空气吸入的栅格,如图 3-72 所示。

图 3-72 过电压限制电阻单元

四、辅助供电系统概述

1. 辅助供电系统组成

CRH380BL 动车组辅助供电系统主要由辅助变流器、充电机、蓄电池、小型变压器、小型逆变器等组成。1~8 车与 9~16 车分为两个独立的辅助供电系统和车载电源，两个辅助供电系统之间的中、低压干线互不贯通。CRH380BL 车载电源箱如图 3-73 所示。

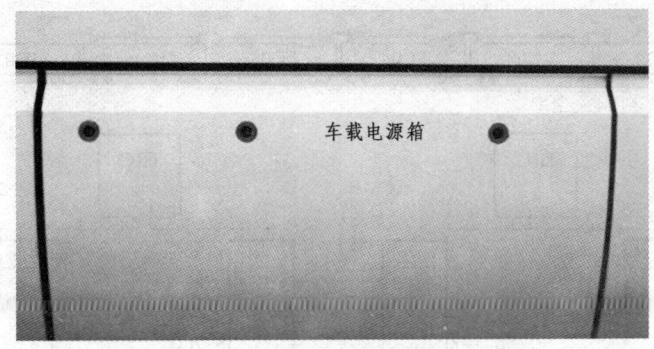

图 3-73　车载电源箱

2. 辅助供电系统功能

辅助供电系统向列车辅助设备（如冷却风机、空调装置、照明、网络控制系统、制动装置、旅客信息、列车无线电等设备）提供电能。

地面三相 AC 380 V/50 Hz 电源也可以为车上辅助负载供电。

3. 辅助供电方式和制式

辅助供电系统采用列车干线供电方式，由分散布置在若干车辆上的各辅助电源设备并联向干线供电。所有的辅助变流器都通过供电总线排向整个列车输出同相位的 3AC 440 V 60 Hz 电源。

辅助供电制式分为以下 5 种：

（1）3AC 440 V 60 Hz
（2）1AC 230 V 60 Hz
（3）1AC 230 V 50 Hz
（4）DC 110 V
（5）DC 24 V

4. 辅助供电系统原理

CRH380BL 动车组的辅助变流器分为单辅助变流器和双辅助变流器。

在每辆主变压器车（TC02、TC07、TC10 和 TC15）上配备有一个单辅助变流器单元 ACU，它们与头车 EC16/EC01 以及中间车 BC09/IC08 的牵引变流器 TRC 中间电路相连。

在 FC04、FC05、SC12 和 SC13 车分别配备了一个双辅助变流器 D-ACU，他们分别与 VC03、IC06、IC11 和 IC14 车的牵引变流器 TRC 的中间电路相连，如图 3-74 所示。

图 3-74　辅助变流器配置

在双辅助变流器和单辅助变流器的输入端都有一根电缆相连接,如果两个牵引变流器中一个失效时,可以实现让一个继续有效的牵引变流器同时给辅助变流器供电,如图3-75所示。

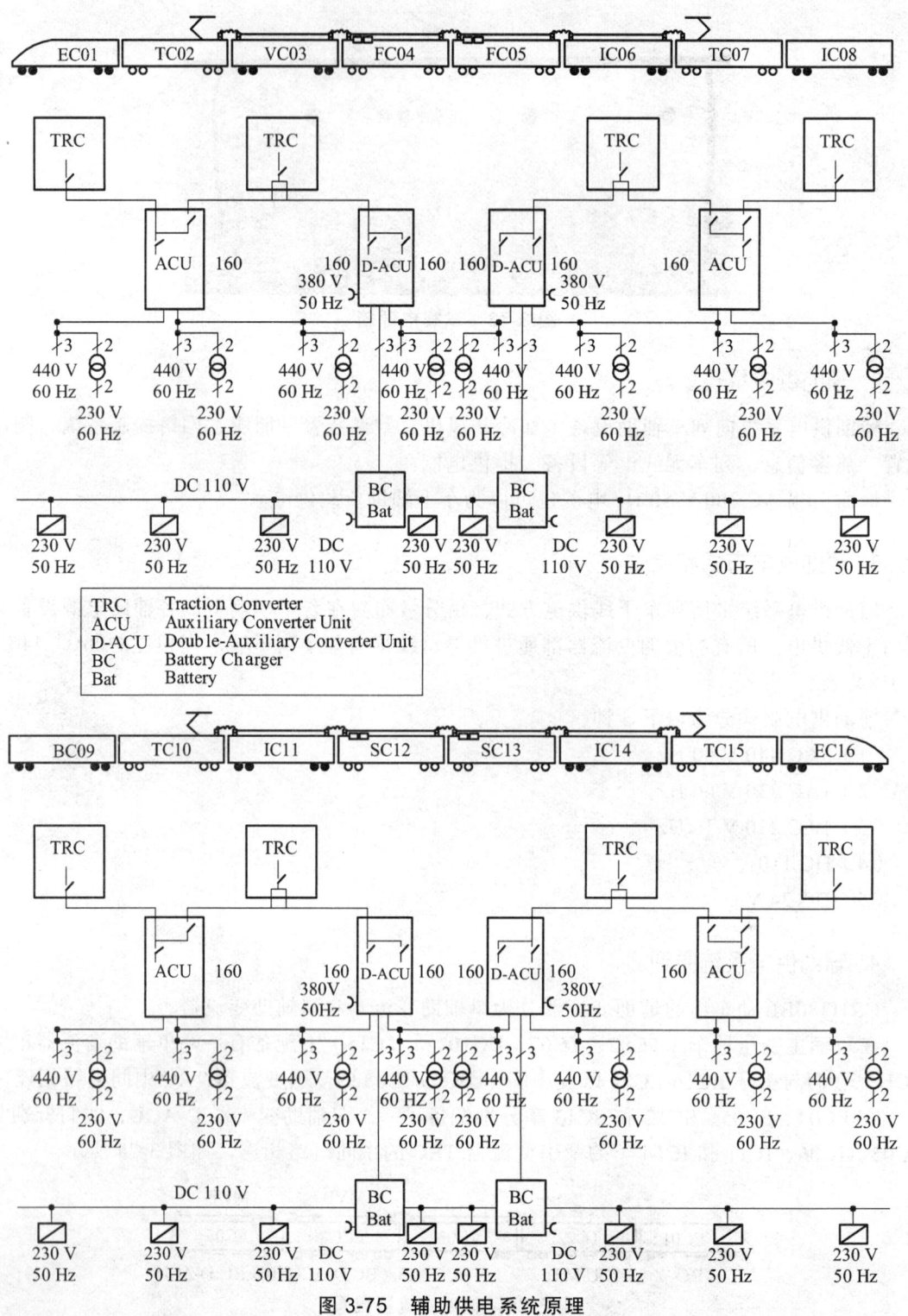

图 3-75 辅助供电系统原理

所有的辅助变流器都通过供电总线排向8辆车(01~08车,09~00车)同时输出三相440 V 60 Hz 电源,实现联网供电。在正常情况下,列车供电总线排贯通整列车。如果供电总线排出现故障,可以通过打开辅助变流器中的连接开关来隔离8辆车部分的单个区间的供电。

在中间车 FC04、FC05、SC12、SC13 车分别配备了一个蓄电池和一个充电机,电池充电机通过 3AC 440 V 60 Hz 总线获得电能,向蓄电池、110 V DC 系统以及与之连接各种负载供电。110 V DC 系统贯穿独立辅助供电系统的整个8辆车(01~08车,09~00车)。

在每节车里各有一个逆变器从 110 V DC 系统中获取电能,输出 1AC 230 V 50 Hz 电源给旅客插座等供电。1AC 230 V 50 Hz 供电车之间不相互连接。

一个 1AC 230 V 60 Hz 供电网络给列车一些低功率的加热设备供电,这个电源由小型变压器产生,变压器通过 3AC 440 V 60 Hz 总线取电。

注:图 3-75 中 ACU 和 D-ACU 旁边的 160 是指辅助变流器的额定输出功率为 160 kV·A。

5. 辅助供电主要交流负载分配(见表 3-14)

表 3-14 辅助供电主要交流负载分配

3AC 440 V 60 Hz 辅助变流器直接输出	1AC 230 V 60 Hz 由 440 V 变压得到	1AC 230 V 50 Hz 由 DC 110 V 逆变得到
客室空调	厨房的一些负载	旅客交流插座
驾驶室空调	水系统加热	
主空气压缩机	撒砂管加热	
牵引变压器的辅助系统	车钩加热	
牵引变流器的辅助系统		
牵引电机的冷却单元		
前风挡加热		
电池充电机		

6. 辅助供电系统设计特点

(1)高可靠性。

采用列车干线供电方式,系统采用冗余设计,牵引变流器发生故障时,能够自动进行输入切换。

(2)应急保障功能。

设有应急供电系统,车辆发生故障时,可按设备的用电优先等级进行供电支援。

(3)诊断保护功能。

辅助变流器、充电机等辅助设备具有自诊断功能和故障保护功能。

(4)持续供电功能。

CRH380BL 动车组在设计上保证了过分相区时牵引变流器的中间直流电路不间断供电。过分相区时,控制系统采取微小的制动,保证辅助变流器牵引由变流器的中间直流电路不间断供电。这样设计的优点:首先,过分相时空调连续工作,减少了故障率;其次,过分相区时蓄电池不用大电流向整车的直流负载放电,减少了故障率,更重要是减少了蓄电池数量,提高了动车组经济性。

（5）良好的安全性。

网络控制诊断系统功能强大，对供电线路发生的过载、短路、瞬时大电流冲击、过压、欠压、接地等现象及时加以保护。供电负载具有的自诊断功能和故障保护措施，确保了旅客安全。

五、辅助变流器

1. 辅助变流器简介

辅助变流器单元放置在车下辅助变流器箱中，箱体中有功率半导体、开关装置、保险丝、控制系统部件、冷却系统部件以及感应元件。辅助变流器采用强迫风冷的冷却系统。

单辅助变流器配置在每个变压器车的车下，即TC02、TC07、TC10、TC15车；双辅助变流器配置在中间车FC04、FC05、SC12、SC13车的车下，每个双辅助变流器单元由两个单辅助变流器单元组成。CRH380BL辅助变流箱如图3-76所示。

图3-76　辅助变流器箱

辅助变流器的脉宽调制逆变器采用最先进的IGBT技术，脉宽调制逆变器采用PWM工作原理，高频开关使输入及输出电流的谐波最小。辅助变流器由其中央控制系统控制和诊断，同时脉宽调制逆变器的控制系统也对其有辅助作用。控制系统除配备诊断端口和服务端口外，还有多功能车辆总线MVB接口。

单辅助变流器和双辅助变流器的电路如图3-77、3-78所示。

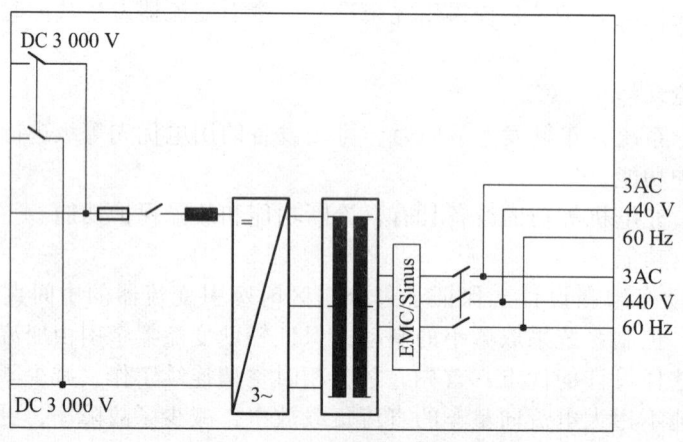

图3-77　单辅助变流器电路

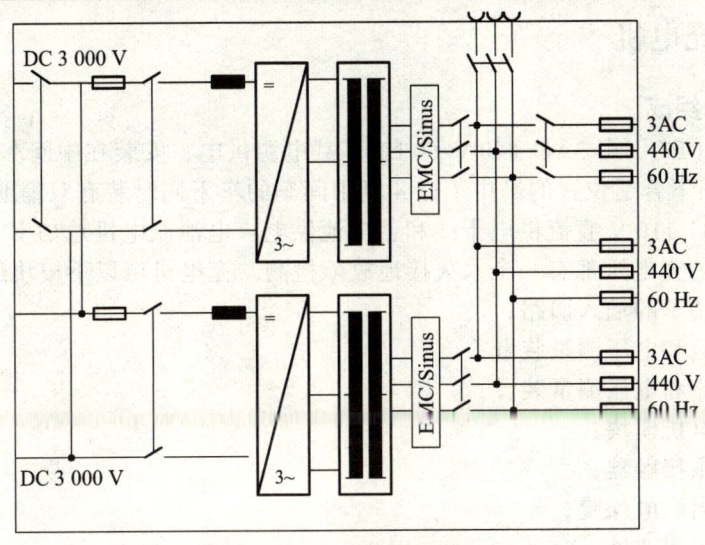

图 3-78 双辅助变流器电路

2. 辅助变流器的组成

（1）带有输入端子的输入电路、保护二极管、带电阻的预充电开关及主开关；
（2）输入电流、电压测量装置；
（3）空气冷却的 PWM 模块；
（4）集成了正弦滤波的 60 Hz 输出变压器；
（5）EMC 滤波器；
（6）输出开关；
（7）具有 RS232 端口的微处理器控制单元 ACU；
（8）遵循 TCN 标准的车辆总线 MVB 接口；
（9）保护和监测设备；
（10）风扇。

3. 辅助变流器的技术参数（见表 3-15）

表 3-15 辅助变流器技术参数

输入 1（中间牵引电路）	标称电压	DC 2 700 ~ 3 800 V
	功率	160 kV·A
	输入端滤波器	EMC 滤波器
输入 2（外接电源）	只针对双辅助变流器	
	标称电压	3AC 380 V 50 Hz
	输入电流	300 A
输出 1（中间牵引电路）	标称电压	3AC 440×(1±5%) V
	额定输出功率	160 kV·A
	额定输出频率	60×(1±1%) V

六、电池充电机

1. 充电机的组成

电池充电机（BC）由 3AC 440 V 60 Hz 车载电源供电，安装在中间车 FC04、FC05、SC12、SC13 的车下合适位置的箱中（这 4 辆中间车的车下同时装有双辅助器 D-ACU、蓄电池 Bat），向 DC 110 V 直流供电干线和蓄电池供电。电池充电机总功率 60 kW，采用强迫风冷，每个电池充电机都有一个永久接地故障检测。充电机由以下模块组成：

（1）带输入端子的输入回路；
（2）输入电流和电压测量装置；
（3）输出电流和电压测量装置；
（4）风冷充电机模块；
（5）电池的主接触器；
（6）电池输出配电保险；
（7）电磁兼容滤波器；
（8）接地故障检测；
（9）带有 RS232 端口的微处理器控制器；
（10）符合 TCN 标准的 MVB 接口；
（11）保护和监测设备；
（12）风扇；
（13）电池保险；
（14）对电池负载解耦的二极管。

2. 充电机供电电路

图 3-79 所示为充电机的供电电路原理图，作为冗余设计（电池充电机或电池故障），各个电池总线排由其他牵引单元（TU）通过 BCB 总线排供电。

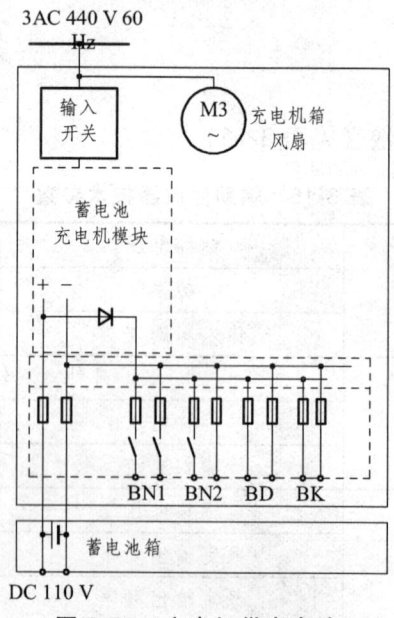

图 3-79 充电机供电电路

3. DC 110 V 负载分配

（1）供电级别。

① 直连电池供电 BD。

直连电池供电即不间断供电，是指负载直接与电池相连，不经过开关。特别重要的负载采用不间断 BD 方式供电。

② 常规电池供电 BN。

常规电池供电就是通过电池接触器与负载相连，供电由接触器 K1、K2 的闭合和关断来控制。

为了提高某些负载的可靠性（如应急照明、中央控制单元 CCU、人机界面等），直流供电干线分为 BN1、BN2 两路。

在两个头车内，第一个 CCU 由 BN1 线路供电，第二个 CCU 由 BN2 线路供电。

（2）直流电源负载统计表，见表 3-16。

表 3-16 直流电源负载统计

DC 110 V 电源	供电负载		
直连电池 BD	应急照明	PIS 旅客信息系统	驾驶员/乘务员 MMI
	紧急尾灯信号	制动防滑保护	列车无线通讯
常规电池 BN1	中央控制单元 CCU1	KLIP 站（冗余 1）	MVB 转发器-电源线 A
	牵引变流器控制 TCU1	空调控制系统	控制柜通风机（左）
	前风挡加热控制	主照明	阅读灯
	应急照明	司机室顶灯	辅助变流控制
	充电机控制	车门控制	旅客信息系统显示器
	辅助控制压缩机控制	轮缘润滑	制动控制单元
	列车控制系统	火警	驾驶室显示器
	列车广播	外部照明	安全环
	厨房控制	受电弓/主开关控制	旋转座椅电源
	撒沙管加热器控制	卫生设备用水系统控制	
常规电池 BN2	中央控制单元 CCU2	KLIP 站（冗余 2）	MVB 转发器
	牵引变流器控制 TCU2	紧急照明（组 2）	控制柜通风机（右）

七、蓄电池

CRH380BL 动车组配置有 4 组高倍率蓄电池 Bat，每组容量为 2×163 A·h，安装在中间车 FC04、FC05、SC12、SC13 车的车下。

蓄电池组由两个电池座盘组成，每个电池座盘上装有 84 节串联的 FNC 1502 HR*型单体电池，如图 3-80 所示。单体电池的互连使电池组的标称电压达到 100.8 V。

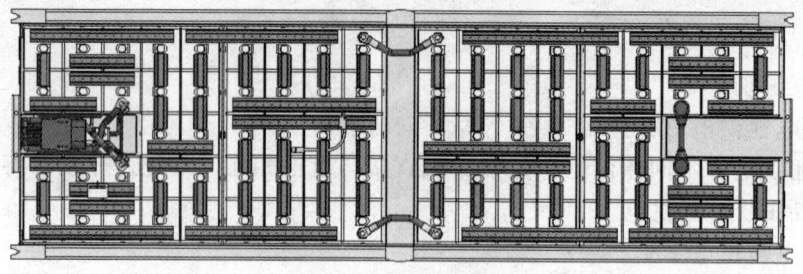

图 3-80 蓄电池座盘

CRH380BL 动车组使用的蓄电池主要技术参数见表 3-17：

表 3-17 蓄电池技术参数

标称电压	100.8 V
标称容量	2×160 A·h
尺寸	2 279 mm×712 mm×350 mm
重量/坐盘	(738±5%) kg
温度传感器	NTC 10 kohm
交货条件	带液荷电电池
规格，标准	EN60623 UIC 854 NF F 64-018
电池容量	2×160 A·h
最大电流	545 A
最大电池充电电流	$1.5 \times l_5 = 96$ A（$l_5 = 64$ A）
单体电池数量	84
温度传感器	NTC 10 kohm，25 °C 时

八、设备舱一级检修方法

1. 设备舱底板地沟检查（见表 3-18）

表 3-18 设备舱底板一级检修方法

序号	检查项目	检查方法	作业图示
1	牵引变流器底板（01、03、06、08、09、11、14、00 车）	（1）底板无裂纹及明显变形； （2）用手电对准牵引变流器底板安装螺栓（M8-8.8）进行检查，各部螺栓安装牢固； （3）用棉布擦拭螺栓，查看防松标记有无错位；如发现防松标记错位，则及时紧固螺栓； （4）全列底板检查完毕后，在完毕端导流罩底板上擦去原有检修日期，并涂打检修日期	牵引变流器底板

续表 3-18

序号	检查项目	检查方法	作业图示
2	牵引变流器冷却单元底板（01、03、06、08、09、11、14、00车）	（1）底板无裂纹及明显变形； （2）用手电对准牵引变流器冷却单元底板安装螺栓（M8-8.8）进行检查，各部螺栓安装牢固； （3）用棉布擦拭螺栓，查看防松标记无错位；如发现防松标记错位，则及时紧固螺栓； （4）全列底板检查完毕后，在完毕端导流罩底板上擦去原有检修日期，并涂打检修日期	 牵引变流器冷却单元底板
3	电源终端箱下盖板（全列）	（1）盖板安装状态良好； （2）用手电对准螺栓进行检查，各部螺栓安装牢固，用棉布擦拭螺栓，查看防松标记有无错位，如发现防松标记错位，则及时紧固螺栓； （3）全列底板检查完毕后，在完毕端导流罩底板上擦去原有检修日期，并涂打检修日期	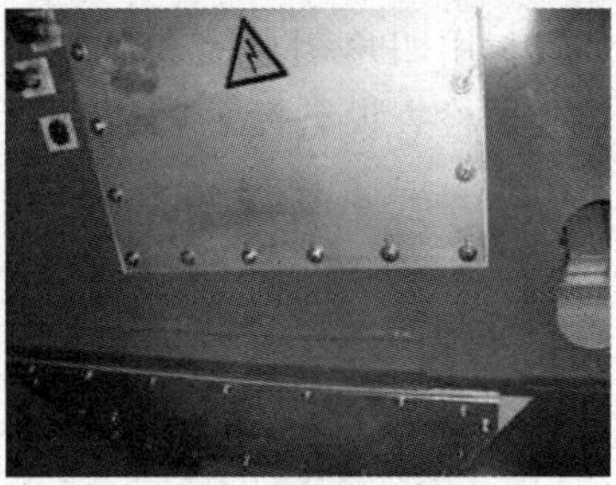 电源终端箱下盖板
4	牵引变压器底板（02、07、10、15车）	（1）底板无裂纹及明显变形； （2）用手电对准牵引变压器底板安装螺栓（M8-8.8）进行检查，各部螺栓安装牢固； （3）用棉布擦拭螺栓，查看防松标记无错位，如发现防松标记错位，则及时用扭力扳手紧固，紧固力矩为 17.2 N·m； （4）全列底板检查完毕后，在完毕端导流罩底板上擦去原有检修日期，并涂打检修日期	 牵引变压器底板
5	单辅助变流器底板（02、07、10、15车）	（1）底板无裂纹及明显变形； （2）用手电对准单辅助变流器底板安装螺栓（M8-8.8）进行检查，各部螺栓安装牢固； （3）用棉布擦拭螺栓，查看防松标记无错位，如发现防松标记错位，则及时用扭力扳手紧固，紧固力矩为 17.2 N·m； （4）全列底板检查完毕后，在完毕端导流罩底板上擦去原有检修日期，并涂打检修日期	 单辅助变流器底板

续表 3-18

序号	检查项目	检查方法	作业图示
6	双辅助变流器底板（04、05、12、13 车）	（1）底板无裂纹及明显变形； （2）用手电对准双辅助变流器底板安装螺栓（M8-8.8）进行检查，各部螺栓安装牢固； （3）用棉布擦拭螺栓，查看防松标记无错位，如发现防松标记错位，则及时用扭力扳手紧固，紧固力矩为 17.2 N·m； （4）全列底板检查完毕后，在完毕端导流罩底板上擦去原有检修日期，并涂打检修日期	双辅助变流器底板

2. 设备舱裙板车侧检查

（1）用四角钥匙检查各裙板锁是否安装牢固、无松动；
（2）检查设备舱冷却风机风扇工作有无异常。

1. 牵引变压器和牵引变流器的功能是什么？
2. CRH380BL 动车组上为什么要安装过电压限制电阻？安装在哪些车上？
3. CRH380BL 动车组的辅助供电系统主要由哪些设备组成？
4. CRH380BL 动车组的辅助供电制式有哪几种？
5. 解释 DC 110 V 供电级别 BN 和 BD。
6. 动车组一级检修要注意哪些安全问题？

参考文献

[1] 吴海超. 车辆运用与管理[M]. 2版. 北京：中国铁道出版社，2008.

[2] 中国铁路总公司. 铁路客车运用维修规程[M]. 北京：中国铁道出版社，2013.

[3] 中华人民共和国铁道部. 铁路货车运用维修规程（铁运〔2010〕141号）[M]. 北京：中国铁道出版社，2010..

[4] 中国铁路总公司. 铁路动车组运用维修规程[M]. 北京：中国铁道出版社，2013..

[5] 中华人民共和国铁道部. 铁路交通事故应急救援和调查处理条例·铁路交通事故调查处理规则[M]. 北京：中国铁道出版社，2014.

参考文献

[1] 王小明. 示例文献题目[M]. 北京: 示例出版社, 2008.
[2] 李华, 张伟. 示例论文题目[J]. 示例学报, 2015.
[3] 赵强. 网络安全技术与应用[M]. 北京: 清华大学出版社, 2010.
[4] 陈明. 计算机科学导论[M]. 2018.
[5] 刘洋. 人工智能基础理论与应用研究[D]. 北京: 北京大学博士学位论文, 2017.
[6] 周涛. 大数据时代的信息安全[M]. 上海: 上海交通大学出版社, 2016.